4,- € MG
W8

4,- € MG
W8

DIE GEHEIMEN GÄRTEN
von
CORNWALL

Inhalt

6 *Von verborgenen Schätzen und neuen Entdeckungen*

9 *Ein Garten der Superlative*
10 Ein atemberaubender Park

17 *Die neuen Cottage-Gärten*
18 Ein Blumengarten am Wegesrand
24 Der Traum von ländlicher Idylle
30 Der versteckte Schaugarten
36 Ein märchenhafter Garten im Wald

43 *Verlorenes wiedergefunden*
44 Von der Zeit geprägt
50 Der Garten, der darauf wartet, entdeckt zu werden
54 Das Schloss auf dem Tamar
60 Der vergessene Garten

67 *Klassisches Cornwall*
68 Zu neuem Leben erwacht
78 Der Garten einer Lady
84 Mit Grüßen vom Gärtner

90	In die Landschaft eingebettet
96	Wo die Baumfarne wachsen
102	Im Schatten der Vergangenheit

109 *Sammeln ist ihre Leidenschaft*

110	Lebende Geschichte – gestern gesammelt und für morgen erhalten
118	Das Erbe einer Tante
124	Clematis in Chacewater
128	Ein Garten voller Pflanzenschätze

135 *Gärten an der Küste*

136	Gegen Wind und Wasser
142	Paradies an der Küste
150	Südländische Flora vor der Haustür
158	Die Gärten von North Corner
168	Eine Strandschönheit
176	Vom Winde verweht
184	Wo Kunst, Garten und Cornwall sich vereinen

192 *Anhang*

Von verborgenen Schätzen und neuen Entdeckungen

Romantisch, wild und voller Kontraste, übt Cornwall, am südlichsten Zipfel von England gelegen, eine magische Anziehungskraft auf Englandfans und besonders auf Gartenliebhaber aus. Bei solch einem Bekanntheitsgrad könnte man annehmen, dass man hier nichts Neues findet, geschweige denn geheime, verborgene Gärten. Dies ist aber ein Irrtum, denn genauso wie die Schmuggler im 19. Jahrhundert sich erfolgreich vor den Zollbeamten versteckt haben, gibt es Gärten, die es schafften, sich vor den Touristen zu verbergen. Von den für Cornwall typischen Talgärten, die ihren Höhepunkt mit der Kamelien-, Magnolien- und Rhododendronblüte im Frühling erreichen, bis zu den exponierten Küstengärten und den neuesten Belebungen der Cottage-Gärten, ist nicht nur die Bandbreite der Gärten, sondern auch deren Anzahl erstaunlich groß.

Mit dem Atlantischen Ozean an einer Seite, dem Ärmelkanal an der anderen und nur einer Landgrenze nach Devon im Osten, hat sich seit Beginn des 19. Jahrhunderts hier eine eigenständige Gartenszene entwickelt. Allein die Anzahl von Cornischen Gärten, aufgeführt im jährlich erscheinenden Buch der *National Gardens Scheme (NGS)*, die ihre Pforten an bestimmten Tagen im Jahr für Wohltätigkeitszwecke öffnen, ist beeindruckend. Im Jahr 2012 waren es 72, und einige davon, wie The Lost Gardens of Heligan, The Eden Projekt und Trebah, sind europaweit bekannt. Auch Rosamunde Pilchers Fernsehfilme, ausgestrahlt am Sonntagabend im ZDF, haben Cornwall ins Rampenlicht gerückt. Bei der Menge an Sendungen würde man meinen, dass die Drehorte längst ausgeschöpft sind, aber wie die Gartenfotografin Marianne Majerus und ich während unserer Recherchen feststellten, ist Cornwall tatsächlich reich an verschwiegenen Plätzen, wo der Traum des ländlichen Lebens Wirklichkeit wurde. In fast jedem Tal, entlang jeder der engen und verzweigten Landstraßen, liegen Landhäuser, für den Autofahrer nicht zu sehen und oft nur aus der Luft oder vom Wasser aus erkennbar.

Heute gehört die Region zu einem der Entwicklungsgebiete der Europäischen Union und ist abhängig vom Fremdenverkehr. Aber wer vor 200 Jahren durch Cornwall reiste, war nicht in Sachen Urlaub, sondern geschäftlich unterwegs, denn gerade hier war die industrielle Revolution voll im Gange. Dank des geologischen Aufbaus waren wertvolle Erze und Mineralien wie Zinn und Kupfer, Arsen und Kaolin vorhanden, die im 18. und 19. Jahrhundert europaweit und sogar nach Übersee exportiert wurden. In den Straßen dröhnte der Verkehr, die Dörfer und Städte waren überfüllt, und wer nicht im Bergbau beschäftigt war, arbeitete in der Fischerei, auf See oder an Land in einer der damals zahlreichen Sardinenfabriken. Die einzigen Zeugen dieser industriellen Zeit, die bis Anfang des 20. Jahrhunderts andauerte, sind die Lüftungsschächte, die wie solitär stehende Schornsteine in der kargen Landschaft stehen, die pyramidenartigen Kaolinschuttberge sowie die Häuser und Gärten, erbaut von den führenden Familien und Geschäftsleuten. Kultiviert, wissenschaftlich begabt und interessiert, vor allem an den Neuheiten, die aus den Kolonien kamen, war es naheliegend, dass sie ihre Gärten mit exotischen Pflanzen füllten. Denn dank der Kombination einer einzigartigen Topografie und eines maritimen Klimas herrschten hier ideale Wachstumsbedingungen für diese neuartigen Spezies.

Ein besonderes Merkmal von Cornwall sind die nordsüdlich verlaufenden Flüsse der südlichen Küste zum Ärmelkanal hin wie dem Tamar, Fowey, Fal und Helford, die tief ins Landesinnere eindringen. Ihre Täler sind verzweigt und bilden *Creeks*, deren steile Hänge mit einem scheinbar undurchdringlichen Laubwald bewachsen und deren Wasserstand von den Gezeiten bestimmt wird. Hier herrscht ein besonders mildes Mikroklima, das die klimatischen Vorteile des Golfstroms noch weiter verstärkt. Die Luftfeuchtigkeit liegt bei durchschnittlich 80 Prozent, die Temperatur fällt selten unter 5 °C im Winter oder steigt kaum über 24 °C im Sommer, und durch die vielen Sonnentage gedeihen hier Pflanzen aus wesentlich südlicheren

Regionen. Nicht nur das Mikroklima, sondern auch die Bodenverhältnisse sind vorteilhaft, denn mit Ausnahme der Lizardhalbinsel ist Cornwall hauptsächlich von Granit und schieferartigen Sedimentgesteinen geprägt. Der saure Boden ist ideal für Rhododendren aus dem Himalaja und für Baumfarne, die aus der südlichen Halbkugel stammen. Die Gärten wurden Vorzeigeobjekte, neuartig und exotisch waren sie völlig anders als die üblichen englischen Gärten und wurden damals in Zeitschriften besprochen und von Gartenliebhabern aufgesucht.

Der wirtschaftliche Niedergang von Cornwall und die beiden Weltkriege hatten verheerende Auswirkungen auf die Gärten. Während manche, wie beispielsweise Tregothnan und Trewidden, überlebten, fielen andere Gärten wie Enys und Penjerrick in einen Dornröschenschlaf. Für Gärten wie Glendurgan, Trengwainton und Trelissick, die heute weit über die Landesgrenzen hinweg bekannt sind, war die National Trust in den 1950er und 60er Jahren der Retter in der Not. Erst gegen Ende der 80er Jahre mit dem zunehmenden Wohlstand, begann die Renaissance von Gärten in Cornwall. Projekte wie The Lost Gardens of Heligan brachten diesen enormen Schatz an historischen Gärten ins Rampenlicht, und wie bei einem Schneeballsystem wurden weitere Gärten entdeckt und restauriert. In einer sehr interessanten Entwicklung liegt Cornwall seit Neuestem an der Spitze, was die Ausfuhr von seltenen und inzwischen bedrohten Pflanzen nach Übersee angeht. Fragile Biotope werden beispielsweise wieder mit Pflanzen, die im 19. Jahrhundert von den Pflanzenjägern importiert wurden, aufgestockt. So sind die historischen Gärten nicht nur Zeugen der Vergangenheit, sondern auch wichtig für die Zukunft.

Selbst wenn man meint, Gärten in Cornwall zu kennen, wird man davon überrascht, wie sich andere Gartentypen neben den traditionellen Talgärten entwickelt haben. Vom größten privaten botanischen Garten Europas über farbenfrohe Cottage-Gärten bis hin zu den Gärten von leidenschaftlichen Pflanzensammlern und Züchtern wie auch Küstengärten an unmöglichen Stellen, sind die 27 Gärten dieses Buches, ganz gleich, ob sie geheim, versteckt oder bisher unentdeckt sind, Beweis für Cornwalls reiche verborgene Gartenkultur. Das Buch führt den Leser hinter die Kulissen und öffnet eine Welt, von der manche bisher nur träumen konnten.

Heidi Howcroft und Marianne Majerus

Ein Garten der Superlative

Ein atemberaubender Park

OBEN: *Eine parkartige Stimmung zieht sich durch den Garten.*
GEGENÜBER: *Dass ein Bauteil vom alten Haus als prächtiges Eingangstor zum neuesten Vorhaben, dem Teegarten, in den ummauerten Garten führt, passt zum Grundtenor des Gartens, wo das Neue mit dem Alten vereint wird.*
SEITE 8/9: *Was diesen Garten auszeichnet, sind die Dimensionen, die Gehölze scheinen größer als sonst zu sein, sodass das Sommerhaus wie ein Puppenhaus wirkt.*

In der Hierarchie der Gartenwelt gibt es große Gärten, bedeutende Gärten und schließlich großartige Gärten. Tregothnan, einer der größten botanischen Gärten in Europa, noch in Privatbesitz und der größte historische Garten Cornwalls, gehört eindeutig in die letztere Gruppe. Nur einmal im Jahr über ein Wochenende, üblicherweise im März zur Rhododendron- und Kamelienblüte für Wohltätigkeitszwecke dem Publikum geöffnet, übertrifft der 20 Hektar große Garten alle Erwartungen.

Trotz der Nähe zu Truro hat die Abgeschiedenheit auf einer Landzunge dazu geführt, dass man nicht leicht nach Tregothnan findet. Auch mit GPS, Karten und guter Wegebeschreibung bewaffnet, fühlt man sich im Labyrinth von engsten Landstraßen, wo alles zum Verwechseln ähnlich ausschaut, desorientiert. Nur an dem offenen Wochenende ist die Situation gemildert, dann gleicht die Anfahrt einer Schnitzeljagd mit Schildern an jeder Abbiegung und Helfern, die Engpässe verhindern. Erst wenn man an den breiteren Straßen mit der markanten und eleganten burgunderfarbenen Beschilderung innerhalb des Kernbereichs der Ländereien ankommt, atmet man auf. Mit einem Landbesitz in Cornwall, der von der Größe in Konkurrenz mit dem des Prinzen von Wales treten kann, und einem weiteren Besitz in Kent ist es nicht verwunderlich, dass alles, inklusive des Gartens, andere Dimensionen als sonst wo annimmt. Aber Tregothnan ist nicht wie andere riesige Gärten wie beispielsweise Chatsworth mit großartiger Gartenarchitektur, Skulpturen, Wasserspielen und prächtigen formalen Vistas ausgestattet, hier sind die Pflanzen das Hauptmerkmal. Breite Wege leiten durch die einmalige Vegetation, an großartigen Lichtungen vorbei, wo die Vielfalt der Pflanzen vors Auge geführt wird. Und was für welche: riesige Rhododendrenbäume, ganze Areale von Kamelien, Palmen, die sich zum Himmel strecken, Alleen von Baumfarnen, *Dicksonia antarctica* wie auch Hanfpalmen, *Trachycarpus fortunei* und sogar ein Kamelien-Labyrinth. Auch das »Bowling Green« ist andersartig, wie eine Lichtung in einem exotischen, blühenden Wald von Magnolien.

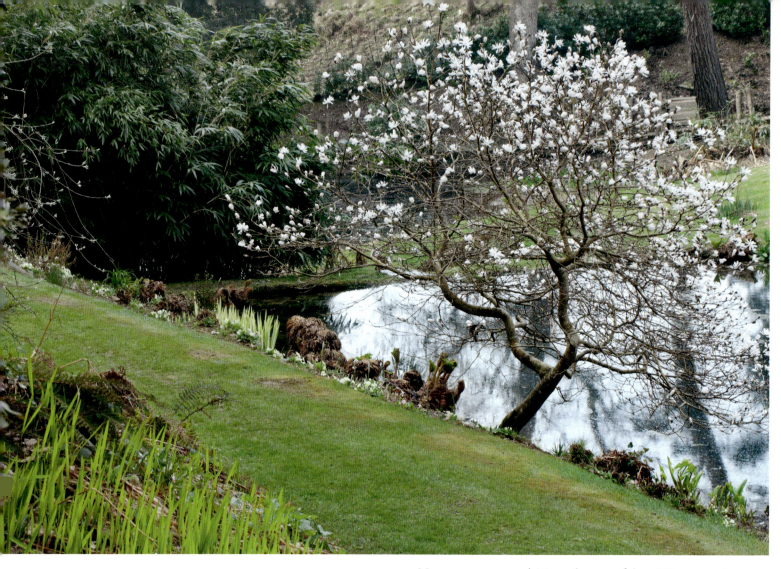

OBEN: *Im März, bevor sich die Uferrandvegetation entfaltet, sind die Konturen der Teiche, deren Uferböschungen zum Tal hinabfallen, noch zu sehen. Die Blüten der Magnolienbäume, hier* Magnolia stellata, *wirken zart und leicht, fast wie Schnee neben dem Bambusdickicht.*

Nur wenn man nach Tregothnan auf dem Wasserweg kommt, entlang der Fal, was inzwischen als exklusiver Besuch zum entsprechend exklusiven Preis angeboten wird, begreift man, wie passend der Name und wie einmalig die Lage ist. Übersetzt aus dem Cornischen »das Haus am Kopf des Tals«, sitzt das Herrenhaus tatsächlich erhöht auf einem Hügel mit Blick über die vorgelagerten Landzungen der Mündung des Fals, die sich wie Finger zum Meer, das man an guten Tagen in der Ferne sieht, strecken. Ein imposanter, klassizistischer Bau im burgartigen Stil mit Türmen, Zinnen und zahlreichen markanten Schornsteinen, wurde dieses Gebäude im Laufe seiner langen Geschichte geplündert, verändert und in den 1820er Jahren von dem Architekten Williams Wilkins zur jetzigen Form umgebaut und erweitert. Es lagen zwar Pläne von dem berühmten Landschaftsgestalter Humphrey Repton aus dem Jahr 1811 für Haus und Außenanlagen vor, aber während seine Ideen für die Landschaftsgestaltung umgesetzt wurden, starb er 1818, bevor mit dem Haus begonnen wurde. Das formale Parterre und der weitläufige Landschaftsgarten zur Fal herabfallend liegen ebenso wie das Haus in der Privatsphäre der Familie. Eine edle Umgebung für ein Adelshaus, das es versteht, außerhalb des Rampenlichts zu bleiben.

Daher ist das Augenmerk des Besuchers weniger auf Reptons Leistungen gerichtet als auf den Garten, der seitlich vom Her-

renhaus liegt und eine Welt für sich bildet mit kaum einer Blickbeziehung zum Haus oder zur Landschaft. Der Garten geht auf die Blütezeit der viktorianischen Ära zurück, ein Zeitalter der Entdecker, Forscher und voller Faszination für botanische Neuheiten. In keinem anderen Ort wird dies besser ausgedrückt als in Tregothnan. Unter dem 6. Viscount Falmouth und seinem Bruder, dem Pfarrer von Lamorran, dem Honorable Reverend John Townsend Boscawen, wurden, aufbauend auf der Grundlage, die ihr Vater geschaffen hatte, seltene und exotische Bäume und Ziersträucher eingeführt. Hier wurden die ersten Kamelien im Freien gepflanzt wie auch die ersten Kirschlorbeeren, beide absolute Raritäten zu der damaligen Zeit. Zusätzlich zu den aus Übersee eingeführten Rhododendren kamen 1862 zahlreiche Arten von Reverend Boscawens eigener Sammlung, die heute eine beeindruckende Kulisse bilden. Enorme Rhododendren wie 'Cornish Red' und *R. macabeanum* wie auch zart blühender *Osmanthus* und zahlreiche Seltenheiten wie eine Stechpalme *(Ilex dipyrena)* schmücken den Garten.

Jede Generation hat die Sammlung ergänzt und weiter ausgebaut. Das Neueste ist der Teegarten gegenüber der Pagode im unteren Teil des Gartens in der Nähe der Teiche. Auf der Hanglage, mit gut durchlässigen Böden, gleichmäßigen Temperaturen, beständiger Luftfeuchtigkeit und Regenfällen hat die Teepflanze *(Camellia sinensis)* gute Voraussetzungen, hier in Cornwall zu

OBEN: *In Tregothnan gibt es Partien, wo man meint, sich in fernen Kontinenten zu befinden. Die Pagode, das private Teehaus der Familie, umgeben von wolkenähnlichen Rhododendrengebilden und einzeln herausragenden Palmen, ist exotisch und mystisch zugleich.*

Ein atemberaubender Park

wachsen. Bei einer Forschungsreise nach Indien hat der damalige Head Gardener, jetzt Gartendirektor Jonathon Jones festgestellt, dass die *Magnolia × veitchii* eine ähnliche Größe zu denen in Tregothnan hatte und nahm dies als Anzeichen dafür, dass auch hier die Teepflanze gedeihen würde. Nicht nur diese, auch die zahlreichen Kamelien im Garten, sei es die Doppelallee, die zum Nutzgarten führt, die Kamelien-Wand entlang der Stallungen oder die zahlreichen Exemplare im Garten, wuchsen mit erstaunlicher Kraft. So begann das Experiment, das Tregothnan eine Sonderstellung als einzige Teeplantage in Großbritannien eingeräumt hat. Die ersten drei Reihen, gepflanzt 1995 in dem alten ummauerten Garten, haben sich gut etabliert, werden regelmäßig gepflückt, mit anderen Teesorten gemischt und kommerziell als hauseigener Tregothnan Tee angeboten.

Weitere Projekte sind die Wiederinstandsetzung des Senkgartens und die Bepflanzung mit Spezies, gesammelt von Expeditionen nach Südamerika. Die chilenische Myrte-Allee (*Luma apiculata*) wird restauriert und anderswo im Garten wurden neue Arten aus der Magnolienfamilie wie *manglietia* und *michelia* gepflanzt. Solche Aufstockungsmaßnahmen sind wichtig für den Fortbestand des Gartens, der unter dem Team von sechs Gärtnern kontinuierlich ergänzt und gepflegt wird. Entsprechend seiner Stellung in der botanischen Welt ist Tregothnan ein gesicherter Standort für vom Aussterben bedrohte Arten und arbeitet in enger Kooperation mit den Royal Botanical Gardens, Kew. Die Familie Boscawen, seit 1335 hier wohnhaft, wird heute vor Ort vom Honorable Evelyn Arthur Hugh Boscawen, dem Sohn von Lord Falmouth, und seiner Familie vertreten. So werden das Anwesen und die Ländereien mit bemerkenswerter Akribie und Einfallsreichtum verwaltet und die Zukunft dieses einmaligen Gartens scheint gesichert.

OBEN: Rhododendron 'Cornish Red' findet man in vielen cornischen Gärten, aber selten in dieser Größe und Anzahl.

GANZ OBEN: *Es gibt wenige Ausblicke vom Garten in die Umgebung. So bleibt der Landschaftspark eine Welt für sich, deren Grenzen man gelegentlich, wie hier am Ende der Lindenallee, sieht, aber selten überschreitet.*

GEGENÜBER OBEN: *Die Blütenpracht um das Bowling Green ist atemberaubend. Magnolien, Rhododendren, Kamelien wetteifern um Aufmerksamkeit, aber manche, wie diese prächtigen* Magnolia campbellii, *stechen einfach hervor.*

GEGENÜBER UNTEN: *Eine Allee von chinesischen Hanfpalmen (*Trachycarpus fortunei*) mit leuchtenden Rhododendren im Hintergrund, eine ungewöhnliche Mischung, passend zu einem ungewöhnlichen Garten.*

15

Die neuen Cottage-Gärten

Ein Blumengarten am Wegesrand

OBEN: Rosa *'Warm Welcome'*, auch bekannt als R. *'Chewizz'*
GEGENÜBER: *Die leuchtenden Farben der Lilien, Alstromerien und vieles mehr begrüßen einen im zweiten Gartenraum.*
SEITE 16/17: *So stellt man sich einen Cottage-Garten vor: ein gekonntes, lockeres Arrangement, wo von Februar bis November immer etwas blüht.*

Wenn nicht das bunte Mohnblumen-Schild wäre, würde man an Poppy Cottage auf der Halbinsel Roseland vorbeifahren und nicht bemerken, dass sich hinter der Feldhecke ein wahrer Gartenschatz versteckt. In einer Gegend, die sonst von weitläufigen Landhausgärten mit zugehörigen Landschaftsparks und Waldgärten geprägt ist, umgeben von Feldern wie hier auf der Halbinsel Roseland, erwartet man nicht, einen Blumengarten zu finden. Als Tina und Dave Primmer 1998 hierher zogen, war das über 200 Jahre alte Feldarbeiter-Cottage verwahrlost und der etwa 4 Meter breite und 70 Meter lange Gartenstreifen, seitlich vom Haus und parallel zur Straße überwuchert und mit Schuppen diverser Baujahre gefüllt.

Weder das Format noch die Lage des Gartens waren ideal, aber für das junge Ehepaar, beide gelernte Gärtner, war es eine Herausforderung, die sie mithilfe ihres Fachwissens, ihrer Erfahrung und Intuition gemeistert haben. Um den ungünstigen Zuschnitt zu kaschieren, wurde der Garten in drei hintereinander folgende Räume unterteilt. Dadurch wurde sowohl die schlauchartige Wirkung überspielt als auch die Möglichkeit geschaffen, ihre Leidenschaft für Stauden und Geophyten sowie ihren Sinn für Farbgebung voll umsetzen zu können. Rasen war nur in dem oberen Abschnitt vorgesehen, die restlichen Flächen sollten mit Blumen und Farben üppig gefüllt sein. So ist der erste Abschnitt den kühlen Farben Blau, Lila, Purpur in sämtlichen Schattierungen gewidmet.

Wie in einem Meer von Blumen führt einen der schmale geschwungene Weg zwischen den Beeten hindurch. Die Dichte und Blütenfolge von Primeln, Tulpen, *Allium*, Wiesenraute, Rittersporn, Kugeldistel, Phlox, Sonnenhut, Astern und noch viel mehr, die von Februar bis November für Blüte und Interesse sorgen, ist erstaunlich. Von hier geht es durch einen Bogen zur nächsten Partie, gefüllt mit warmen Farben, feurigen Rottönen, gesprenkelt mit Gelb und Orange und abgesetzt durch saftige Grüntöne. Alles wie im ersten Gartenraum in einem lockeren, lebendigen Arrangement von Höhen und Formen, passend zum

Ein Blumengarten am Wegesrand

Charakter eines Cottage-Gartens: 'Ballerina'-Tulpen, Taglilien, Lilien, Scharfgarbe, *Alstroemeria*, Sonnenhut, Dahlien, Montbretien, um nur wenige zu erwähnen.

Neben ihrer Vorliebe für Pflanzen hat Tina Primmer seit ihrer Jugend auch eine Schwäche für Federvieh. In den ersten Jahren war es im dritten Gartenraum untergebracht, wo eigens widerstandsfähige Gehölze wegen des ständigen Pickens ausgesucht wurden. Angefeuert von dem, was sie bisher zustande gebracht hatten, ist es den Primmers 2003 gelungen, einen Streifen parallel zu ihrem Grundstück zu erwerben. Fast doppelt so lang wie der ursprüngliche Garten und um ein Fünffaches breiter, wurden die alten Gartenpartien, die über 1 Meter tiefer lagen, in das neue Konzept integriert. Das Geflügel bekam ein eigenes Areal mit Teich und passender naturnaher Bepflanzung am Ende des Grundstücks, groß genug, um die Vielzahl von seltenen Rassen, unter anderem die »Pompon«-Enten und »Silkies« aufzunehmen. Im Anschluss an diesen Bereich und als Übergang zum Garten wurde auch eine kleine Verkaufsfläche angelegt, um dem Wunsch nach ihren Stauden nachkommen zu können, denn der Ruf des inzwischen 4000 Quadratmeter großen Gartens und die Qualität der Stauden, haben sich in der Umgebung herumgesprochen.

Statt in einer Reihenfolge von dicht bepflanzten Beeten wurde der neue Garten in vier aufeinanderfolgenden Gartenräumen angelegt. Großzügig, parkartig und mit fließenden Konturen entstand nicht nur mehr Fläche für ausgedachte Staudenpartien und Bodendecker, sondern auch für Gehölze und sogar für einen kleinen Brunnen mit Bach. Ziergehölze, abgestimmt in ihrer Farbe und Blüte auf die Bodendecker zu ihren Füßen, und ein großer Anteil von immergrünen Spezies wurden als raumbildende Elemente eingesetzt und in der Mitte ein englischer Rasen als neutrale Fläche. Lichte Schatten brachten eine weitere

OBEN: *Ein Rosenbogen rahmt den Übergang von einem Gartenraum zum anderen.*
GEGENÜBER OBEN: *Kühle Farben, unter anderem von Eisenhut,* Delphinium *'Blue Jay',* Galega officinalis *und* Centaurea dealbata *'Steenbergii', füllen den ersten Gartenraum.*
GEGENÜBER UNTEN: *Eine kleine Brücke führt über eine schmale Wasserrinne zur schattigen Partie und zum kleinen Sumpfgarten.*

OBEN: *Pflanzenfülle ist typisch für diesen Garten, hier eine bunte Mischung von* Heuchera, *Storchschnabel,* Pelargonien, Papaver *und panaschiertem* Eleagnus.

GANZ OBEN: *Nach der Enge der ersten Gartenräume wirken die neueren Bereiche großzügig und offen. Die cottageartige Bepflanzung nimmt einen neuen Charakter an mit einem hohen Anteil von Gehölzen, deren Laub- und Blütenfarben genau abgestimmt sind.*

Dimension ein und steigerten die Wirkung der hellen Farben der Blüten. Farbpartien in beispielsweise Pink, Schwarz und Silber mit unter anderem Beifuß *(Artemisia)*, dunklen Dahlien 'Dark Desire' und Moschus-Malve *(Malva moschata)* leiten wie selbstverständlich ineinander über.

Die Stärke des Gartens liegt eindeutig in der Pflanzenkombination und farblichen Abstimmung. Auf die Frage, woher sie ihre Inspirationen holt, erklärt Tina Primmer, sie stellt die Pflanzen zusammen, als würde sie sie malen. Für Bücher hat sie wenig Zeit, sie verbringt die meiste Zeit im Garten, überlässt das wöchentliche Einkaufen ihrem Mann und versucht die Tatsache, dass sie aufgrund von Arthritis kaum mehr einen Pinsel halten kann, mit Gartenarbeit auszugleichen. Poppy Cottage, benannt nach ihren Lieblingspflanzen, Mohnblumen, die an prägnanten Stellen im Garten verteilt sind, ist ein Sonderling unter den Gärten in Cornwall und ein Beweis dafür, was mit Fachkenntnis, Teamarbeit, Enthusiasmus und Energie möglich ist.

OBEN: *Hier in der gelbgrünlichen Partie kommt die Leuchtkraft der Farben durch den dunklen Holunderstrauch, den lila Salbei und die orangen Blüten noch mehr zur Geltung.*
RECHTS: *In ihrem Naturgarten konnten die Primmers ihren Wunsch nach Wasser im Garten erfüllen und so auch Lebensbereiche für Libellen und Seerosen schaffen.*

Der Traum von ländlicher Idylle

OBEN: *Nach der holprigen, schattigen Zufahrtsstraße kommt einem das Gelände noch romantischer und heller vor. Rosen und Fingerhut säumen den Weg zum Gebäudekomplex, wo die alten Bauten des Bauernhofs um einen gekiesten Hof gruppiert sind.*
GEGENÜBER: *Der Kräutergarten mit allem, was für Küche und Haus benötigt wird, von Salbei bis Lavendel.*

Manchmal trifft man auf einen Garten, der außergewöhnlich ist und seinen eignen Weg beschreitet und zum Ausdruck eines Lebensstils geworden ist. So ist es bei Trevoole Farm bei Cramborne. Rein äußerlich scheint sich hier auf dem Bauernhof seit den 1960er Jahren nichts verändert zu haben, sogar die Fahrzeuge, ein hellblauer, noch fahrtüchtiger Morris Minor 1000 und ein VW-Bus, beliebt bei den Surfern, passen ins Szenario. Ein wohltuendes, gemütliches, aber geordnetes Chaos herrscht hier, die Zufahrtsstraße ist nicht asphaltiert, sondern mit Schlaglöchern versehen, als ob die Gemeinde vergessen hätte, dass diese kleine Siedlung existiert. Unter den Granitsteinbauten ist es schwierig, das Bauernhaus zu identifizieren, denn das Arbeitercottage, die Scheune, Melkstube und Bauernhaus selber sind eng um den gekiesten Hof gruppiert. Hunde und Hühner laufen frei herum, und die scheinbar willkürlich platzierten Schuppen diverser Jahrgänge untermalen das ländliche Ambiente. Hier und da stehen alte Gefäße, Gießkannen, Schüsseln oder Wannen, mal gefüllt mit Blumen oder so, als ob sie darauf warten, abgeholt zu werden. Wenn man genauer hinschaut, merkt man, dass die Bauten renoviert, die Fensterrahmen und Türen dezent gestrichen sowie die Dächer erneuert wurden, wenn auch mit altem Material, und dass der Anteil an Grün doch beachticher als auf einem Bauernhof ist, der voll bewirtschaftet wird.

Was besticht, ist die Stimmung. Allzu oft werden solche Anwesen bis zur Unkenntlichkeit renoviert, jegliche Spur des ursprünglichen Zwecks heraussaniert, bis nur eine Schale übrig bleibt. Der Bauernhof, erbaut über einen Zeitraum von 1650 bis 1850, stand nur zweimal zum Verkauf an, erstmals 1911 und dann 2002, als er an die jetzigen jungen Besitzer verkauft wurde. Bevor es zu diesem Schritt kam, musste das Ehepaar neben den üblichen Formalitäten sich vorstellen, sich ausfragen lassen, bis sie schließlich für würdig befunden wurden, Trevoole Farm mit insgesamt 1,2 Hektar Grund zu übernehmen. Während sich sämtliche anderen Interessenten schnellstmöglich zurückzogen, als das Ausmaß der Renovierungsarbeiten deutlich wurde, hat

OBEN UND GANZ OBEN: *Der »Patchwork Potager« ist der neueste Teil des Gartens; hier wurden quadratische Beete einfach im Feld herausgestochen und mit einer eklektischen Mischung von Nutzpflanzen wie Salat und Kohl und altenglischen Blumen wie* Dianthus barbatus *und Rittersporn gepflanzt. Und ganz im Hintergrund, als Beweis, dass auch Tiere hier ihren Platz haben, grast ein Pony.*

sich das Paar nicht davor gescheut. Optimismus und vielleicht auch jugendliche Unbekümmertheit haben geholfen, das enorme Projekt in den Griff zu bekommen. Stück für Stück wurden die Gebäude instand gesetzt und Leben in die kleine Siedlung gebracht. Die Bauten wurden von Efeu befreit, Lianen und Gestrüpp aus dem kleinen Garten am Bauernhaus entfernt und der gesamte Hof entrümpelt. Im Mittelpunkt, als sanfte Dirigentin, stand die aparte Besitzerin, die mit ihrem individuellen Flair ein Stück England geschaffen hat, das für viele längst verschwunden ist. Seit mehreren Jahren bei Laura Ashley tätig, konnte sie ihr Wissen und ihre Vorliebe für Farben, Textilien, Rustikales und Altes auf Trevoole Farm voll einsetzen. Sie gehört zu denjenigen, die auf Flohmärkten immer fündig werden, die alles aufheben und aus Beiläufigem etwas Kostbares machen können. Stoffballen, bedruckt mit Blumenmustern, Porzellan, Kinderbücher aus den 50er Jahren, Dosen, Pflanztöpfe, alte Küchengeräte finden alle ein Zuhause und sind in der Masse beeindruckend. Eine eklektische Mischung von Gegenständen, die nunmehr auf dem Bauernhof vereint werden und die ursprüngliche Stimmung unterstreichen.

Als Bauernhaus und Cottage fertig waren, kamen die ersten Gäste. Sie kehren wie die Schwalben Jahr für Jahr wieder und bilden zusammen mit Freunden und Familie des Besitzers eine Gemeinschaft, die aktiv mitwirkt. Ob beim Räumen

oder Pflanzen, sind sie die willigen Arbeitskräfte, die auch die Außenanlagen auf Vordermann gebracht haben. Grün ist dort, wo es sich ergibt, sei es in Form von Stiefmütterchen, gesteckt in eine alte Metallschüssel bei der Haustür, Kletterrosen an den Wänden oder der Sumpfgarten am Schweinestall. Wie bei den Bauten zieht sich das bäuerliche, ländliche Thema durch die Freiflächen, wo Tiere und Federvieh genauso wie die Pflanzen, ihren Platz haben. Seitlich, wo früher das Feld war, wurden die größten Veränderungen vorgenommen.

Eine lange Rosenpergola führt an den Enten und Hühnern vorbei zum Kräutergarten und zur neuesten Ergänzung, dem Gemüsegarten. Während der Kräutergarten kompakt und von einem Staketenzaun eingefriedet ist, wurden die quadratischen Beete des »Patchwork«-Gemüsegartens als Raster einfach in die Wiese geschnitten, eine Art bäuerliches Villandry, wo allerlei Gemüse und Blumen nach Farben sortiert wachsen. Seitlich versteckt, wie eine Welt für sich, geschützt durch eine grüne Hülle, liegt der Apfelgarten. Während der Boden im Frühling mit Narzissen bedeckt ist, werden lange Tische, geschmückt mit Krügen und voll mit Gartenblumen, im Sommer für das gemeinsame Mittag- oder Abendessen aufgestellt. Direkt im Blickwinkel liegt das alte Gewächshaus, gefüllt mit einer beneidenswerten Anzahl von alten Pflanztöpfen, alle ordentlich aufgereiht und beschriftet.

OBEN: *Überall im Garten stößt man auf Stillleben, wie hier um den Arbeitstisch im Kräutergarten, als seien sie den Seiten einer Gartenzeitschrift entsprungen.*
GANZ OBEN: *Was diese Anlage auszeichnet, ist, dass sie die englische Lebenslust und Begabung, etwas Gewöhnliches zu etwas Besonderem zu machen, widerspiegelt. Im Sommer wandern die Tische und Stühle nach draußen und statt der Schirme spenden die Obstbäume Schatten.*

Die neuen Cottage-Gärten

Was diese einzelnen Teile vereint und zum Country-Look beiträgt, sind die Ausstattungsgegenstände, Nebensächliches und Altes, das für viele auf den Müll gehören würde, aber hier die Stimmung untermalt. Dass auch das Sofa buchstäblich heraus gerollt wird und stolz im Gemüsegarten regiert und ein Oldtimer am Rande des Obstgartens abgestellt ist, streckt das Prinzip des Recyclings etwas weit. Dies ist immer ein Gesprächspunkt, wenn der Garten im Rahmen der National Gardens Scheme geöffnet wird. Kitschig, blumig und nostalgisch, als sei sie aus den Seiten eines Magazins entsprungen, ist Trevoole Farm nicht nach jedermanns Geschmack, aber das Ensemble fängt die englische Vorliebe für Ungewöhnliches auf einmalige Art und Weise ein.

OBEN: *Der Rosengang führt zwischen dem Enten- und Gänseareal vom Kräutergarten zurück zum Haus.*
OBEN RECHTS: *Villandry stand Pate für den kunstvollen Gemüsegarten, in dem die Reihen von Stiefmütterchen und Salat wie eine Bordüre wirken.*

Der Traum von ländlicher Idylle

OBEN: *So schön kann ein Schweinestall sein. Etagenprimeln und Farne an der Wand verwandeln das sonst nüchterne Vorfeld in eine rustikale, romantische Inszenierung.*

Der versteckte Schaugarten

OBEN: *Die Stärke dieses Gartens liegt in den Pflanzkombinationen, hier Kalifornischer Mohn (Eschscholzia californica) und Leinkraut (Linaria purpurea).*
RECHTE SEITE: *Der Sumpfgarten am Teich, eng bepackt mit Etagenprimeln der Sorte 'Harlow Carr', Fingerhut, Funkien, Iris und Farnen.*

Nur wenige Meilen von der malerischen Küstenstadt Fowey und unweit der Hauptstraße zwischen St Austell und Plymouth entfernt, liegt Hidden Valley, wie der Name besagt, abseits des Tourismus. Was man aber vorfindet, wenn man sich durch die engen kurvenreichen Landstraßen zwischen Feldern und Waldabschnitten erfolgreich navigiert hat, ist umso erstaunlicher. Es war immer Tricia Howards Traum, einen Garten in Cornwall anzulegen, nicht etwa einen typischen cornischen Talgarten mit Kamelien und Magnolien, sondern einen romantischen, englischen Blumengarten samt Themenbereichen, Gärtnerei und Teehäuschen. Es sollte ein Ort sein, an dem Tricia ihre gesammelten Erfahrungen und Ideen einsetzen könnte, aber auch ein Garten, der sich finanziell selbst trägt und wo Gartenfans sich treffen und Inspirationen holen könnten.

Während andere den Umzugswagen mit häuslichen Gegenständen vollpacken, ließen die Howards im November 1999, als sie aus Yorkshire im Norden von England hierher zogen, als Grundausstattung für den neuen Garten Tausende Pflanzen und ein Glashaus mit aufladen. Denn außer der Obstwiese, den Feldhecken und einzelnen Bäumen war das etwa 1,6 Hektar große Grundstück des Kleinbauernhofs wie ein leeres Blatt. Viele hätten sich vor dem Ausmaß des Projekts gescheut, nicht Tricia Howard, die mit Elan an die Arbeit ging, und unterstützt von ihrem Mann Peter, öffnete sie ihre Gartenpforte für das Publikum 2001 nach zwei Jahren Bauzeit.

Das mehr oder weniger rechteckige Grundstück, begrenzt an der östlichen Seite von einem Bahndamm, den man überhaupt nicht wahrnimmt, gliedert sich in drei Bereiche: in den kompakten Garten oberhalb des Wohnhauses an einem leichten Hang mit der Laube und den quadratischen Beeten, in die Gartenpartie seitlich vom Eingang, abfallend zu einer kleinen Mulde mit Teich mit japanisch inspiriertem Garten, Sumpfgarten und mittig liegenden Inselbeeten und schließlich in den Nutzgarten mit Obstwiese und Gewächshaus. Der Besuch beginnt mit der lang gestreckten tiefen, sogenannten heißen

Der versteckte Schaugarten

Rabatte, die, abgesetzt durch die Buchenhecke, gut zur Geltung kommt und Tricia Howards meisterhaften Umgang mit Stauden und Gräsern demonstriert. Leuchtend gelbe *Thuja occidentalis* 'Rheingold' wird hier, wie auch in anderen Bereichen des Gartens, als Leitpflanze eingesetzt und beweist, dass Thujen doch ihren berechtigten Platz im Garten haben können. Der anschließende Sumpfgarten mit einer kunterbunten Mischung von Etagenprimeln, Astilben und Schaublatt *(Rodgersia pinnata* 'Superba') um den Teich leitet wie selbstverständlich in den japanischen Bereich über. Gegenüber davon, im Herzen des Gartens, wie ein kleines Labyrinth ins freie Feld gesetzt, liegen die Inselbeete: die Irisbeete mit Brunnen, das Tulpenbaumbeet, die *Agapanthus*-Rabatte und die ovalen Rabatten. Auch wenn die Hauptmerkmale des Rundgangs den Stauden und Geophyten gelten, üben die ausladenden Ziergehölze eine wichtige Rolle als Hintergrund und Blickfilter aus. Ob einzeln oder als Hecke verleihen diese Elemente Struktur.

Weitere Themenbereiche wurden an der Böschung zur Feldgrenze angelegt, der kleine Farngarten, der sich noch etablieren muss, Ziergehölze und am Ende des Gartens Bienenstöcke. Die vorhandenen Apfelbäume des kleinen Obstgartens wurden um Kirsch-, Birnen- und Walnussbäume ergänzt, wie auch mit Reihen von Beerenobst und Schnittblumen – Peter Howards Bereich, den er mit Begeisterung pflegt. Das Gewächshaus und der angrenzende Gemüsegarten, ausgelegt mit Hochbeeten, unterstreichen das ländliche Thema und runden das Angebot ab. Der Übergang zu den nächsten Partien ist gelungen: eine Steigerung von Blütenpracht, wo vornehmlich gelbe und blaublühende Stauden sich wechselseitig um Aufmerksamkeit bemühen. Die quadratischen Beete sind übervoll mit Stauden. Ihre Üppigkeit und Lockerheit wird betont durch die Geometrie der Buchsbaumblöcke. Einen der schönsten Plätze bietet die Laube, die inspiriert durch Abbey Gardens auf Tresco am höchsten

OBEN: *Der formal gestaltete Küchengarten mit Blick zur Laube auf der anderen Seite der Hecke.*
LINKE SEITE OBEN: *Das Brunnenhaus am Irisbeet wurde 2008 erbaut und ist umgeben von Kostbarkeiten wie* Iris ensata *'Laughing Lion' und 'Innocence'.*
LINKE SEITE UNTEN: *Eine ländliche Note zieht sich durch das farblich abgestimmte Blumenbeet, mit einem prächtigen* Hebe rakaiensis *im Vordergrund.*

Punkt des Gartens errichtet wurde. Flankiert durch Pflanzbeete und mit einer Rasenfläche, die wie ein Teppichläufer davor liegt, wurde das Perspektivische betont – ein klassischer Gestaltungszug, der durch die gekonnte Pflanzung zu etwas Besonderem erhoben wird. Am liebsten sitzen die Howards am Abend hier, mit Blick über das, was sie gemeinsam geschaffen haben. Tricia Howard hat noch weitere Ideen für diesen jungen Garten, etwas, worauf die wachsende Zahl von Stammgästen, die diesen Garten besuchen, mit Spannung wartet. Was sie bisher geleistet hat, ist anhand von Fotos in der Teehütte für alle zu sehen – Grund genug, den versteckten Garten aufzusuchen.

OBEN: *Leuchtendgelber* Thuja occidentalis *'Rheingold' wird gern als Farbklecks im Garten eingesetzt wie hier im »heißen« Beet zu Dahlien und Fackellilien.*

GANZ OBEN: *Stauden in Blau, Gelb und Weiß füllen die quadratischen Beete, abgesetzt durch markante Buchskarrees in der Mitte.*

LINKE SEITE: *Die Sommerlaube, inspiriert von Abbey Gardens, Tresco, mit Blick über den Mittelmeergarten, ist einer der Lieblingsplätze des Ehepaars Howards.*

Ein märchenhafter Garten im Wald

OBEN: *Statt der üblichen Rasenfläche drängen sich die Stauden, Zwiebelblüher, Ziergräser und einjährigen Pflanzen in einer bunten Mischung bis zur Haustür von Pinsla Lodge.*
GEGENÜBER: *Auch wenn alles naturhaft und zufällig ausschaut, wurde alles mit Bedacht geplant, um Lockerheit zu erzeugen. Farbtupfer erscheinen je nach Jahreszeit hier und da, Tulpen und Narzissen im Frühling und Kosmeen und Iris, Brandkraut, Wolfsmilch und Frauenmantel im Sommer.*

Unweit von Bodwin, der früheren Hauptstadt von Cornwall, und wenige Kilometer von Lanhydrock entfernt, liegt Pinsla Garden & Nursery in einer Ecke von Cornwall, die noch unberührt und ursprünglich ist. Sanfte Hügel mit bewaldeten Tälern, schmale Brücken über rauschende Bäche und für cornische Verhältnisse breite Straßen, gesäumt von Erdwällen, bekrönt von Buchenhecken, prägen diese Landschaft. Ohne das Hinweisschild würde man an Pinsla Lodge vorbeifahren, denn obwohl das Anwesen 1768 als Pförtnerhaus für ein großes Landhaus gebaut wurde, ist das Bauwerk inzwischen vom Wald verschluckt, und jegliche Anzeichen von Grandeur sind längst verschwunden.

Als Mark und Claire Woodbine 1982 hierher zogen, dominierte die mit immergrünem Kirschlorbeer *(Prunus laurocerasus)* bepflanzte Einfahrt. Der Garten war klein und schattig, das niedrige Haus, erbaut in pittoreskem Stil aus örtlichem Granit mit Schieferdach, war hexenhausartig und renovierungsbedürftig. Wenn man heute durch den inzwischen 6000 Quadratmeter großen Garten wandert, ist dies alles kaum vorstellbar. Lichter, luftiger, heiter und bunt breitet sich der Garten nunmehr auf zwei Seiten aus. Trotz der gärtnerischen Anlage ist ein starker Ton des Naturhaften zu spüren. Ohne Vorkenntnisse, mit wenig Mitteln, aber mit einer großen Portion Enthusiasmus und Energie hat sich das Ehepaar an die Arbeit gemacht und in ihre Vision von Pinsla Lodge verwandelt.

Die 80er Jahre waren die Zeit der dekorativen Staudengärten und der großartigen Beetgestaltung. Dies war nicht gerade der Stil, der zu Pinsla, einem Garten, der erst vom Wald zurückerobert werden musste, passte. So suchte Claire Woodbine nach einem Mittelweg, der sowohl zu den Bodenverhältnissen als auch zu ihrer Philosophie und der Landschaft außerhalb des Gartens passte. Joachim Wolschke-Bulmahns Buch *Nature & Ideology* fiel ihr in die Hände, und auf gewisse Weise wurden ihre Wünsche und die Richtung für ihr Umfeld hierin bestätigt. Wichtig dabei war die Frage der Pflanzen, denn es sollte ein Garten sein mit Platz für Stauden, Bodendecker und Geophyten und nicht

OBEN: *Wer es nicht weiß, würde meinen, der Steinkreis wäre schon seit alters her hier gewesen und nicht erst seit wenigen Jahren.*
GEGENÜBER OBEN: *Der Charme dieses romantischen Gartens liegt zum Teil in der Wegeführung, wie hier durch den Bambushain zu neuen spannenden Partien des Gartens.*
GEGENÜBER UNTEN: *Die Topf-Schlange, eines von vielen Kunstwerken aus Gebrauchs- und wiederverwendeten Gegenständen, die im Garten an prägnanten Stellen verteilt sind.*

nur für die üblichen Gehölze, die so typisch für Cornwall sind. So begann das Ehepaar zu lernen, wie man Stauden zieht, aussät, teilt und züchtet. Aus diesem bescheidenen Anfang entwickelte sich die kleine Gärtnerei mit einem erlesenen Angebot von Schatten- und Halbschattenstauden, die Claire Woodbine zwischenzeitlich auf Pflanzenbörsen im Südwesten von England und im Garten selbst anbietet.

Der individuelle Garten wurde hier mit selbstsicherer Hand gestaltet, der Wald wurde zurückgedrängt, aber ist immer noch präsent, die Bäume wurden gelichtet, ihre Stämme aufgeastet und zu ihren Füßen wurde ein Garten geschaffen. Wege wurden dort angelegt, wo sie passen, ein überkreuzendes, schwungvolles Netz, das sich über den Garten spannt, durch Baumgänge, an Pflanzinseln vorbei und über kleine Hügel führt. Genauso unkonventionell wie die Wegeführung ist auch der Belag, alte gusseiserne Ofenteile, gebrauchte Ziegelsteine und manches mehr wurden als Bodenbelag eingesetzt.

Dieses Recyclingprinzip zieht sich durch den gesamten Garten: glänzende Metallbänder wurden als Wildabsperrung an der Grenze zum Wald geflochten, eine Metallkette zur Schlange geformt, Metallteile in Mobiles eingebaut. Diese Gegenstände untermalen das individuelle Flair des Gartens ebenso wie die Feen und Maskenbilder, die beim Eingang des Gartens angeboten werden und ab und an zwischen der Vegetation auftauchen.

Es sind aber die Pflanzen und die Gartenräume, die den Garten auszeichnen. Organische, amorphe Formen, engbepackt mit einer spannenden Abfolge von Stauden, Gehölzen und Geophyten. Das Halbmondbeet, der Grasgarten und der Cottage-Garten vor dem Haus schmelzen zu einem harmonischen Mosaik von Farben und Formen, im Frühling niedrig und bis zum Herbst hoch und luftig zusammen. Geordnet, aber doch anarchisch dürfen die Pflanzen gedeihen, wo sie wollen. Die Woodbines experimentieren gern auch mit Einjährigen und Wechselpflanzungen wie Begonien und Schmuckkörbchen und setzen auch Gehölze mit markantem Laub ein wie den Japanischen Fächerahorn oder auch *Acacia pravissima* im Waldgarten. Als Kontrast zu der Feingliedrigkeit des Schattengartens wirkt die Rasenfläche seitlich zum Haus größer, als sie ist. Die stehenden Steine, aufgestellt im lockeren Kreis und tief in die Erde eingebettet, haben etwas Ursprüngliches und Mystisches, als würden sie seit jeher dort stehen und nicht erst seit wenigen Jahre. Gerade weil Pinsla Garden mit seiner spielerischen Art und beispielhaften Pflanzpartien aus der Reihe fällt, ist ein Besuch wohltuend und erfrischend. Die Stimmung dieses verborgenen Gartens geht ins Gemüt und fängt den besonderen Charakter von Cornwall ein.

OBEN: *Immer wieder trifft man auf Figuren oder dekorative Gegenstände, die scheinbar aus der Vegetation wachsen.*
GANZ OBEN: *Eine verspielte Leichtigkeit zieht sich durch den Garten, die sowohl erfrischend als auch vertraut beruhigend wirkt.*
GEGENÜBER: *Lupinen, Akelei, Knautia arvensis und einzelne spät blühende Tulpen verschmelzen zu einem einzigartigen Blütenmeer, Inbegriff eines Cottage-Gartens.*

Verlorenes wiedergefunden

Von der Zeit geprägt

OBEN: *Der Ausgang vom Colonel's Garden in den Waldgarten.*
GEGENÜBER: *Der untere Talgarten wird von zwei Teichen, jeweils mit kleinen Inseln, bestimmt. Im Frühling, bevor das Laub das Licht aussperrt, besitzt die Wasserfläche eine malerische Qualität.*

Nur mit genauen Hinweisen findet man Enys zwischen Truro und Falmouth und dann zweifelt man aber, ob die bescheidene Einfahrt wirklich zum Landsitz hinführt. Würde man Cornisch sprechen, was inzwischen in manchen Schulen der Region gelehrt wird, würde man etwas bessere Chancen haben und wenigstens durch die Bedeutung des Namens wissen, wo Enys liegt, nämlich auf einer Insel oder Landzunge. Die tiefeindringenden, zahlreichen Seitenarme des Fals haben dazu geführt, dass zwischen der Mündung des Ärmelkanals im Süden und des Fals in Truro im Norden mehrere Halbinseln entstanden sind, alle durchkreuzt mit sich ähnelnden Landstraßen. Windgeschützt, aber mit guter Verteidigungslage, direkter Anbindung an das Meer und noch dazu auf ertragreichem, landwirtschaftlichem Boden, war dies seit dem Mittelalter der bevorzugte Standort für die Herrenhäuser des Landadels. Bereits 1297 von Robert de Enys besiedelt, gehört Enys zu einem der frühesten Landsitze und auch zu den ältesten Parkanlagen Cornwalls.

Der Landsitz trägt schwer an seinem Alter, so als sei die Last der Jahre einfach zu viel. Bis zum Ausbruch des Zweiten Weltkriegs war Enys in Gartenkreisen bekannt und oft in Zeitschriften abgebildet. Damals war das Gut angrenzend an das Herrenhaus, die als Ensemble das Aussehen eines Musterhofs hatten, bewacht von einem prägnanten Turm, voll mit Leben. Heute ist der gepflasterte Hof von Unkraut bedeckt, die Spuren der niederländischen Soldaten, die sich während des Zweiten Weltkriegs in den Nebenbauten einquartiert hatten, sind noch vorhanden; eine improvisierte Dusche, eine Kochnische, alles so belassen, als ob sie irgendwann wieder zurückkämen. Wie viele andere Anwesen dieser Gegend, hat sich auch Enys in der Nachkriegszeit schwer getan. Das Verhalten des letzten Mitglieds der Familie, das noch im Haus wohnte und die Angewohnheit hatte, Besucher mit einem Gewehr vom Platz zu jagen, war nicht gerade hilfreich, und so fiel das Anwesen in einen Dornröschenschlaf. Nach Betty Enys Tod wollte und konnte keiner der Nachkommen nach Enys ziehen. 2002 wurde nach Jahren der

Von der Zeit geprägt

Unentschlossenheit Enys Trust gegründet unter dem Vorsitz eines der Nachkommen, Mrs. Wendy Fowler, mit dem Ziel, die historische Substanz des 14 Hektar großen Gartens zu renovieren und langfristig zu sichern. Keine leichte Aufgabe, denn die Sanierung des denkmalgeschützten Hauses allein schluckt beachtliche Summen.

Trotz der melancholischen Stimmung und dem Gefühl, eine Anlage zu besuchen, die verschlossen und verlassen ist und seine Geheimnisse für sich behalten möchte, tut sich etwas unter der Oberfläche. Stück für Stück wird der Garten von den zwei Fachkräften und einem Volontär freigelegt und belebt. Sie haben sich in die Geschichte eingearbeitet, einen Teil des Stalls renoviert und dort eine kleine Ausstellung aufgebaut, mit Informationen und Fotografien von früher. Vom ersten Garten, erwähnt 1709 in der *Magna Britannia*, ist nur noch der 0,8 Hektar große verlassene, mit Ziegelstein ummauerte Nutzgarten erhalten. Der Parc Lye, das Jagdrevier, das sich vor dem Herrenhaus den Hang hinab ausbreitet, wurde bereits im 16. Jahrhundert erwähnt und ist bis heute, wenn auch nur in Resten des Urbestands, erhalten. Hier soll sich einer der ältesten Naturbestände von englischen Bluebells *(Hyacinthoides non-scripta)* befinden, die auf unberührtem Boden gedeihen und sich im Mai zu einem spektakulären blauen Teppich von Blüten entfalten, was Besucher von überall her anzieht. Wenige wagen sich aber weiter in den Garten hinein, eine Situation, die sich bestimmt in den nächsten Jahren ändern wird.

Als das alte Herrenhaus in den 1820er Jahren abbrannte, beauftragte John Samuel Enys den Londoner Architekten Henry Harrison mit der Gestaltung eines neuen Hauses und dazugehörigen Gartens. Fotoaufnahmen zeigen ein elegantes Haus, umgeben an zwei Seiten von Rasenflächen und geschwungenen Wegen, die zu den anderen Gartenbereichen führen. Vieles müssen wir unserer Fantasie überlassen, aber der Ladies Garden, heute einfach Blumengarten genannt, sowie der angren-

OBEN: *Seerosen unterbrechen das Spiegelbild.*
GANZ OBEN: *Acer palmatum 'Sango-kaku' setzt sich farblich ab vor dem Wald, der sich den Hang hinab zu den Teichen zieht.*
GEGENÜBER OBEN: *Das keltische Kreuz im Farngarten mit Kamelien und der Eingang zum ummauerten Garten im Hintergrund.*
GEGENÜBER UNTEN: *Überall auf Enys finden sich Relikte der Vergangenheit, wie dieses Wasserrad zwischen den Teichen und dem Bach im unteren Tal.*

Verlorenes wiedergefunden

OBEN: *Kaiserkronen, Narzissen und Kamelien in dem frisch renovierten Lady's Garden.*
GANZ OBEN: *Die Natursteinmauern oder Hecken, wie sie in Cornwall genannt werden, sind im Frühling mit Moos und Schüsselblumen (Primula vulgaris) bedeckt.*
GEGENÜBER: *Die blauen Traubenhyazinthen (Muscari latifolium) zwischen den Schüsselblumen sind ein Vorbote von der Blütenpracht im Mai, wenn abertausende Bluebells die Wiesen bedecken.*

zende Colonel's Garden, beide angrenzend an den Nutzgarten, ursprünglich angelegt 1833, wurden restauriert und vermitteln einen Eindruck, wie die Anlage zu ihrer Prachtzeit am Ende des 19. Jahrhunderts aussah. Ein mittig liegender Rosentunnel führt auf eine imposante Glyzine, so alt, ausladend und knorrig, dass sie wie ein Baum wirkt. Rechts und links liegen Blumenbeete, ausgelegt wie Puzzleteile, mit schmalen Wegen dazwischen, eingefasst mit hellen Steinbrocken.

Schritt für Schritt nähert man sich den anderen Gartenteilen, und obgleich im frühen Stadium, bemerkt man die Fortschritte. Der Stein- und Farngarten um das keltische Kreuz, das man am Wegesrand fand und hier im Garten aufstellte, wird wieder mit Farnen ergänzt, unter anderem *Blechnum discolor* und *B. noveae zelandias*, die John Davies Enys, der 1861 nach Neuseeland ausgewandert ist, nach Cornwall geschickt hat. Als er 1906 zurückkehrte, um sein Erbe anzutreten, stellte er eine umfangreiche Bestandsliste zusammen, die jetzt als Grundlage der Restaurierungsarbeit dient. Während viele der Ziergehölze, unter anderem Steineiben (*Podocarpus*), ein wunderschöner *Rhododendron triflorum* mit markanter Rinde, Chilenischer Lorbeer und eine filigrane Huan-Kiefer (*Lagarostrobus franklinii*) noch im Garten erhalten sind, müssen einige Lücken gefüllt werden.

Am ursprünglichsten und reizvollsten ist der Garten unten im Tal an den Teichen. Im 17. Jahrhundert als Fischteiche angelegt, spiegeln die Wasserflächen nicht nur die Vegetation, sondern auch den Gestaltungsstil der zweiten Hälfte des 19. Jahrhunderts wider, wobei heimische Spezies mit Exotischem vermischt waren, im Wasser wie an Land. Gesäumt mit Etagenprimeln entlang der Wege, ist diese Ecke des Gartens, genauso wie vor 100 Jahren, ein Bereich, wo wirklich die Zeit stehen geblieben ist.

Der Garten, der darauf wartet, entdeckt zu werden

OBEN: *Auf den ersten Blick scheint der Seitengarten attraktiv, jedoch nicht außergewöhnlich zu sein, aber wer sich länger dort aufhält, bemerkt die Spuren eines wesentlich älteren Gartens.*
GEGENÜBER: *Der ummauerte Königshof im Frühlingsgewand, bestückt mit Primeln und ausladenden Magnolien.*

Godolphin gehört zu den Gärten, die nicht nur verborgen und an einer abgelegenen Stelle liegen, sondern auch teilweise verschollen sind und noch darauf warten, wieder ans Licht zu kommen. Die Gartenarchäologen sind bereits am Werk; sie haben eine geophysische Vermessung vorgenommen, Material gesammelt und diskutieren, auf welche Art dieser Garten, vermutlich der älteste von Cornwall, präsentiert werden kann. Den Untersuchungen nach gehen der ummauerte Königsgarten innerhalb des Baukomplexes auf das 16. Jahrhundert und der Seitengarten bis zum Mittelalter zurück. Beide stehen unter der höchsten Denkmalschutzstufe. Dass die Uhren auf Godolphin anders gehen, ist für jeden Besucher, der seinen Weg hierher findet, offensichtlich. Im Vergleich zu den anderen Attraktionen Cornwalls ist diese Anlage unspektakulär, gediegen, aber von Geschichte geprägt und mit einer einmaligen Stimmung, die einen in ein anderes Zeitalter versetzt. Es ist ein großes Verdienst des National Trust, der 2007 die letzte 16 Hektar große Tranche dieses Anwesens übernahm, dass er die Restaurierung mit Bedacht und Einfühlungsvermögen fortgesetzt hat, denn diese kostspielige Aufgabe brachte den Vorbesitzer, die Familie Schofield, welche Godolphin 1937 mit der Absicht, diese Perle zu retten, an den Rand der Verzweiflung.

Was ist so besonders an dem Anwesen? Geschichte allein kann diese Faszination nicht erklären. Vielleicht liegt es einfach daran, dass Haus und Land so eng mit dem Ur-Cornwall und unseren Vorstellungen vom romantischen, versteckten Ort, abseits touristischer Ströme, verbunden sind. Die Lage am Rande eines U-förmigen Tals unten mit dichtem Laubwald, der im Mai mit einem Teppich von Bluebells bedeckt ist, spielt sicherlich eine Rolle. Im Hintergrund steigt das Gelände sanft zum Godolphin Hill an, eine bukolische Landschaft, die Siedler seit neolithischen Zeiten angezogen hat. Das Haus, einst das größte und imposanteste Cornwalls, sieht man erst, wenn man unmittelbar davor steht. Erbaut im 17. Jahrhundert zur Blütezeit von Godolphin, wickelt sich das Herrenhaus, verziert mit einer

OBEN: *Lange Zeit nicht gepflegt, hat die Buchsbaumhecke eine eigenwillige Gestalt angenommen, die vor der wunderschönen Natursteinmauer besonders malerisch wirkt.*
GANZ OBEN: *Der Blick auf den ältesten Teil des Hauses aus dem 16. Jahrhundert.*
GEGENÜBER OBEN: *Der Seitengarten verteilt sich über drei Terrassen, die oben zu den jetzt leeren Fischteichen führen.*
GEGENÜBER UNTEN: *Ein Frühlingsbeet im Seitengarten.*

Renaissance-Fassade mit markanten hellen Natursteinsäulen, um ein wesentlich älteres Bauwerk. Das Schicksal von Godolphin ist eng mit dem des Bergbaus in Cornwall verbunden. Dank des geologischen Aufbaus war die Grafschaft reich an Bodenschätzen wie Zinn und Kupfer. Ein Teil lag unter Godolphin und in unmittelbarer Nähe der Ländereien, unter anderem die Zeche Godolphin Bal, in der über 300 Arbeiter beschäftigt waren. Dies bildete die Grundlage für den Reichtum der Familie und sicherte ihre politische Stellung. Die Earls von Godolphin verließen das Anwesen bereits im 18. Jahrhundert, Teile des großen Hauses mit einst 100 Zimmern wurden abgerissen, Pächter betrieben das Land, die Erzvorkommen waren erschöpft und Godolphin geriet zunehmend in Vergessenheit.

Jetzt ist die Restaurierungsarbeit im Gange. Der Königshof mit einer wunderbaren ausladenden Magnolie und markanter mittiger Buchsbaumeinfassung, die während der pflegelosen Jahre eine anarchische, gewölbte Form angenommen hat, ist gerade wegen ihrer Einfachheit romantisch und wohltuend. Der Seitengarten ist ein Rätsel, denn vom Garten ist nicht viel zu sehen, nur zu spüren, so als ob eine dicke Decke über das Ganze geworfen wäre. Pflanzbeete und Sträucher begleiten die geraden Wege, aber sie wirken eher beiläufig, nicht wie ein Hauptelement. Ein Gartenbesucher, der einen perfekten Garten erwartet, wird enttäuscht sein. Aber je länger man hinschaut, desto

mehr bemerkt man einzelne Elemente, wie die seitlich liegenden Grasstreifen, früher angelegt als erhöhter Rasenweg, und die Terrassen, die an einer steilen Böschung enden. Hier führen Stufen seitlich zur nächsten Ebene, die von zwei großen rechteckigen Vertiefungen geprägt ist. In ihrem wasserlosen Zustand wirken die alten Fischteiche wie eine moderne Bodenmodellierung, ungewöhnlich, aber doch irgendwie passend.

In Anschluss an den Garten, wo während des letzten Jahrhunderts nur eine Wiese war, lag früher ein Obstgarten, der jetzt mit alten cornischen und Westcountry-Apfelsorten wieder angelegt wird. Ob weitere Teile, wie die Verlängerung des Seitengartens, die bei der geophysischen Untersuchung ans Licht kamen, wieder instand gesetzt werden, ist fraglich, denn eine exakte historische Rekonstruktion wird nicht beabsichtigt. Das Historische im Garten soll nur unterstrichen werden. So weit wie möglich soll die Romantik des Orts erhalten bleiben. Trotzdem: Wer Godolphin und den Geist vom alten Cornwall noch annähend im Urzustand erleben möchte, dem sei geraten, Godolphin baldmöglichst zu besuchen, oder besser noch, um in die Stimmung des Orts richtig einzutauchen, im Herrenhaus zu wohnen, das jetzt als Ferienhaus vom National Trust hergerichtet wurde und vermietet wird.

Das Schloss auf dem Tamar

OBEN: *Steinsäulen markieren den Beginn der Lindenallee, die am »Amerikanischen Garten« vorbeiführt.*
GEGENÜBER: *Der Standort und die Ausblicke, wie hier über die Blumenwiese auf den Fluss Tamar im Süden, heben Pentillie von den anderen Herrenhäusern in Cornwall ab.*

Obwohl Sammie Coryton und ihre Geschwister auf einem Bauernhof nur wenige Meilen entfernt von Pentillie Castle aufwuchsen, betraten sie das Schloss zum ersten Mal, als ihr Vater das Anwesen 2007 erbte. Das graue Haus war heruntergekommen, die Außenanlagen seit 1980 vernachlässigt und mit Ausnahme der Terrasse verwildert. Der »Amerikanische Garten« parallel zur Zufahrt hatte sich in einen Wald verwandelt, und von den Blickschneisen in der Landschaft, die der berühmte englische Landschaftsgestalter Humphrey Repton angelegt hatte, war nichts mehr zu sehen. Nur alte Pläne, Fotografien und Reptons Rotes Buch, in dem alle seine Vorschläge für Pentillie aufgezeichnet und beschrieben waren, gaben Hinweise darauf, wie die Anlage mal ausgesehen hat. Eine schwierige Entscheidung stand der Familie bevor, verkaufen oder behalten? Für die Restaurierung des Hauses mit undichten Dächern, morschen Fensterrahmen und so weiter waren horrende Summen im Spiel, und dann kam noch der weitläufige Garten hinzu. Statt Pentillie den Rücken zuzukehren, entschied die Familie, diese Herausforderung anzunehmen und mithilfe ihrer Freunde, Nachbarn und auch langjährigen Mitarbeitern, den Ort wieder zum Leben zu erwecken und die Stimmung eines gediegenen Country Houses wiederherzustellen.

Pentillie ist ein ungewöhnliches Haus. Die Zinnen, die den Abschluss des ersten Stocks bilden, haben etwas Burgartiges an sich, wie auch der Standort selber. Erhöht über dem Fluss Tamar, hat man den Eindruck, als ob Pentillie alles ringsherum bewacht. Dabei wurde das Schloss aus Prestigegründen und nicht der Verteidigung wegen erbaut. Was heute noch steht, entspricht eher dem Grundriss von 1698 als dem majestätischen Schloss mit 18 Schlafzimmern und zahlreichen Empfangsräumen, das 1813 nach Plänen des Architekten William Wilkins ausgeführt wurde. Repton hatte auch Vorschläge für das Haus unterbreitet, aber sie wurden abgelehnt. Sein Schreiben, vor Ort im September 1810 verfasst, sagt viel über den Stellenwert von Pentillie wie auch über die Allüren und den Ehrgeiz des Besit-

Verlorenes wiedergefunden

OBEN: *Die Prachtrabatten entlang der Terrasse wurden in den letzten Jahren anstelle von alten Kamelienrabatten angelegt.*
RECHTS: *Allmählich werden die Blickschneisen, wie von Humphrey Repton zu Beginn des 19. Jahrhunderts vorgeschlagen, wieder frei gestellt. Von der oberen Terrasse wirkt der Blick auf Dartmoor im Osten wie ein Gemälde.*

Das Schloss auf dem Tamar

OBEN: *Eine kleine geschützte Nische in den neuen Bereichen des Gartens.*
GANZ OBEN: *Während mit der Restaurierung der Streuobstwiese begonnen wurde, fehlen die Mittel, um den ummauerten Nutzgarten mit den zahlreichen Kleinbauten und verschiedenen Gartenbereichen instand zu setzen.*

zers aus. Denn er erklärte, die Vorschläge seien »begrenzt von Vernunft, Kosten und Anstand so wie mein Rat sich als praktisch erweist«, wobei »praktisch« unterstrichen wurde. Er hätte, aufgrund des dominanten Standorts und der Ausmaße des Bauwerks wie er selber angab, Schwierigkeiten mit diesem Auftrag. Sein Ruf lag in der Verschönerung und nicht in der Verherrlichung von Anlagen. Dass die Vorstellungen Corytons weit über seinem gesellschaftlichem Rang lagen, ist zwischen den Zeilen zu lesen. Obwohl seine Anregungen für die Partie unterhalb des Hauses zum Fluss hin und in die umliegende Landschaft ausgeführt wurden, waren seine Vorschläge für den Bereich direkt an dem Gebäude für die Dame des Hauses zu naturhaft. So wurde 1813 Lewis Kennedy beauftragt, einen blumenreichen und damals modischen »Amerikanischen Garten« zu gestalten. Er wurde bestückt mit neuartigen Gehölzen wie Mammutbäumen aus Nordamerika und später mit Rhododendren, Magnolien und Kamelien ergänzt, wie auch mit einem Farngarten, einem Steingarten, einer Grotte und zahlreichen Kleinbauten, von denen die meisten längst verschwunden sind.

Während ihrer Recherchen am Schreibtisch und im Freien stellte die Familie mit Erstaunen fest, dass seit dem Jahr 1698, als James Tillie das erste Haus baute und den Garten anlegen ließ, bei jeder Verbesserungsmaßnahme ein Reststück der Vergangenheit unwillkürlich belassen wurde. So haben die

Das Schloss auf dem Tamar

Rodungs- und Räumarbeiten nicht nur alte Fußwege und Reste von Kleinbauten offengelegt, sondern auch den alten Fuhrweg aus dem 18. Jahrhundert, der auch in Reptons Skizze dargestellt und früher die Hauptanbindung zum Haus war. Bei solchen Projekten stellt sich immer die Frage, wo man anfängt. Drei Flügel des riesigen Hauses wurden 1966 abgerissen; so war Pentillie kompakter, aber mit acht Schlafzimmern immer noch zu groß. Für Ted Coryton war es wichtig, nicht nur am Haus zu arbeiten, sondern es sollten gleich zu Beginn Teile des Gartens zurückerobert werden. Bei dem Ausmaß dieses Projekts war es wichtig, rasch etwas vorzeigen zu können, um alle zu motivieren. So wurden die alte Glyzinen-Laube aus den Zeiten der Großmutter und die Terrassen unterhalb des Hauses wieder instandgesetzt. Zahlreiche alte Kamelien wurden im »Amerikanischen Garten« gepflanzt, und mithilfe der langjährigen Gärtner und einer Freundin von Sarah Coryton, Sar Gordon, wurden die Beete mit Stauden und Rosen neu angelegt.

Es gibt noch viel zu tun in dem 22 Hektar großen Garten. Aber es ist ein Verdienst der Familie, dass der Garten heute als solcher erkennbar ist und sogar an bestimmten Tagen im Jahr für das Publikum geöffnet wird. Das Haus mit dem markanten rosa-aprikosenfarbenen Anstrich erstrahlt in neuem Glanz und ist eindeutig wieder Mittelpunkt der Anlage. Die verschiedenen Bereiche des Gartens, der Landschaftsgarten, der »Amerikanische Garten«, die Zufahrt zum Haus, die Terrassen und die Böschung zum Fluss haben einen besseren Bezug zueinander, und auch wenn vieles restauriert wurde, ist das Wilde und Naturhafte, das Pentillie auszeichnet, noch spürbar. Sammie Coryton träumt davon, den alten ummauerten Nutzgarten eines Tages zu restaurieren. Beerenobststräucher und Spalierbäume sind noch vorhanden, ebenso einzelne Buchsbaumeinfassungen. Einige Gartenbauten wie das Kartoffellager sind in erstaunlich gutem Zustand, andere dagegen sind nur noch Ruinen.

Weitab vom Haus, aber mit Blick über die Flusslandschaft, steht das Mausoleum vom Gründer von Pentillie, James Tillie. Zwei Jahre lang sollen die Dienstboten seinen Wünschen Folge geleistet haben und seiner an einem Stuhl gebundenen Leiche täglich Essen und Trinken gebracht haben. Für einen Mann, der aus einfachen Verhältnissen stammte und es zu Reichtum gebracht hat, war offensichtlich alles, inklusive der Wiedergeburt, möglich. Die Geschichte von Pentillie wie auch die Lage ist eines Romans würdig. Kein Wunder, dass Haus und Garten bereits als Drehort für die Rosamunde-Pilcher-Fernsehfilme ausgesucht wurden.

OBEN UND GANZ OBEN: *Früher war der Wasserweg auf dem Tamar wichtiger als heute. Gäste und Güter kamen per Boot an der hauseigenen Pier an. Dann ging es den Hang hinauf zum Herrenhaus, das vom Weg aus noch prächtiger und imposanter erschien.*

Der vergessene Garten

OBEN: *Versteckt im unteren Teil des Gartens entdeckten wir eine mit Narzissen gefüllte Lichtung, eine der vielen Überraschungen in diesem zauberhaften Garten.*
GEGENÜBER: *Der letzte Teich im unteren Garten. Sobald die riesigen Blätter von* Gunnera manicata *sich entfaltet haben, verändern sich die Konturen und somit die Stimmung des Gartens.*
SEITE 42/43: *In den unteren Garten von Penjerrick drängt man sich wie ein Forscher zwischen Rhododendren und über liegenden Baumfarnen tiefer ins Tal.*

Verborgen, vergessen und trotz der Bemühungen der Besitzerin, Rachel Morin, zum Dornröschenschlaf verurteilt, ist Penjerrick der Inbegriff eines geheimen Gartens. Ein erstaunliches Schicksal für einen Garten, der zu den frühesten Beispielen des inzwischen weltbekannten Genres der cornischen Talgärten gehört und im 19. Jahrhundert viel besucht und gelobt wurde. Es ist nicht so, dass dieser Garten in der Nähe von Falmouth abgelegen oder schwierig zu finden wäre, er geht jedoch mit seinem unscheinbaren Auftritt einfach in der Fülle der Gärten dieser Gegend unter. Alles was man sieht, wenn man an der Zufahrt entlangfährt, sind Wiese und Wald, kein Haus, kein Garten, kein Parkplatz, nur angedeutete Parkbuchten. Lediglich ein zartes Gartengitter um den »Wald« mit schmaler Pforte lässt vermuten, dass hier doch etwas sein könnte.

Wagt man einzutreten, ist die Artenvielfalt und Leuchtkraft der Vegetation, die einen begrüßt, erstaunlich. Hier, mitten im Grünen, ist alles wärmer, feuchter und wohlriechender als in der Umgebung. Und so fangen die Fragen an: Welche Pflanzen sind das? Wohin führt der Weg? Was liegt hinter der Kurve und wer hat alles angelegt?

Wie durch unsichtbare Kräfte wird man tiefer in den Garten zu einer Gabelung gezogen, markiert durch einen prächtigen, breit ausladenden Ahorn (*Acer palmatum* 'Osakazuki'), unterpflanzt mit Bärlauch, Primeln, Farnen, Helleboren. In angemessenem Abstand blühen dazu einfache, fuchsienfarbige Kamelien. Das Auge ist jetzt an das schwache Licht, das gefiltert durch die mächtigen Kronen der Bäume zum Waldboden hindurchfällt, gewöhnt und erspäht Lichttupfer im Unterholz, helle Rhododendrenblüten, namenlose scharlachrote Kamelien und leuchtende Massen von *Pieris*-Glocken. Hinzu kommt die Farbgebung des Astwerks und der Stämme, wie beispielweise der rostbraunen chilenischen Myrte (*Luma apiculata*). Es ist zu viel, um gleichzeitig seitlich, nach oben und auch zum Weg hinunter zu schauen, der zunehmend schmäler und von Baumwurzeln gekreuzt wird, und so verlangsamt sich der Schritt. Man ent-

OBEN: *Hier an der mehrstämmigen* Acer palmatum *'Osakazuki' und mit Kamelien im Hintergrund beginnt der Rundweg durch den Garten.*
GANZ OBEN: *Die Vegetation ist so aufregend und unberührt, dass man im Schneckentempo geht, um keine der Kostbarkeiten zu übersehen.*

deckt, wenn auch nur mit Mühe, *Hoheria* mit weißen Blüten, wie auch den berühmten Rhododendron 'Penjerrick Cream', eine der vielen Züchtungen von Head Gardener Samuel Smith vom Ende des 19. Jahrhunders. Ein Taschentuchbaum *(Davidia involucrata)* ist nicht zu übersehen, ebenso wie der Mammutbaum *(Sequoia gigantea)*, der über die übrige Vegetation hinausragt. Bisher war wenig vom Haus zu sehen. Aber jetzt, auf der unteren Partie des Grundstücks angelangt, schimmert das höher liegende Haus, erbaut 1935 an Stelle eines prächtigen villenähnlichen Bauwerks, zwischen dem Grün und über den mit Primeln und Narzissen durchsetzten Rasen hervor.

Wer meint, dies sei alles, dem steht die größte Überraschung noch bevor. Denn getrennt von dem Obergarten und nur über eine Holzbrücke erreichbar, liegt der geheime Garten von Penjerrick. Ein Garten, der allmählich von der Natur zurückerobert wird, dennoch ein Garten überzogen von unbeschreiblicher Stimmung und Schönheit wie auch von einer urwüchsigen Kraft, die die Abenteuerlust der heimlichen Pflanzenjäger weckt, wie sie in vielen von uns steckt. Wie durch einen grünen Tunnel hindurch, führen die tiefeingeschnittenen weichen Wege, überwachsen von einem Bambusdickicht, den Hang hinab zu einer Art Lichtung und zu einem Teich, Tregedna Pond, überzogen mit einem rostbräunlichen Schimmer, dicht bepflanzt von Baumfarnen.

Das Gefühl, sich an einem anderen Breitengrad zu befinden, verstärkt sich, je mehr man in den Garten vordringt. Seitenwege traut man sich nicht zu begehen, überhängende Äste kreuzen sich und lassen gerade ausreichend Platz, um sich daran vorbeizudrücken. Während manche Rhododendren so verholzt, dicht und von Flechten überzogen sind, dass sie wie Urgestalten wirken, ragen andere wie beispielsweise die großblumige, cremefarbene *R. macabeanum* stolz aus dem Unterholz. Der nächste Teich kommt in Sicht – die Wasserfläche versumpft, umstellt von der urwüchsigsten aller Pflanzen, dem Mammutblatt *(Gunnera manicata)*, deren Blätter im März noch im Austrieb sind. Allmählich wird das Tal enger, die Seiten steiler, kleine Bäche erscheinen wie aus dem Nichts, verwandeln den schmalen Pfad in eine Matschzone, und im Gegenlicht sind die ersten Mücken zu sehen, die sich wie die frostempfindlichen Pflanzen pudelwohl fühlen. Das Beste kommt oft zuletzt; so ist es auch hier. Was Menschenhand gestaltet hat, wird von der Natur vollendet: einen Wald von Baumfarnen auf einer Seite und dichten Lorbeerwald auf der anderen Seite zu einem Teich mit sanftem Ufer, bedeckt in so vielen Farbtönen und Blattformen mit Irisschwertern, Scheincalla, Mammutblatt und mehr. Erst wenn man sich auf dem Hochweg zurück zur Brücke und zum oberen Garten aufmacht, bemerkt man die Höhenabwicklung des 4 Hektar großen Gartens, die von der Vegetation überspielt wird.

OBEN: *Penjerrick ist zugleich geheimnisvoll, verborgen, aber dennoch vertraut, ein Platz, um sich von der Außenwelt zurückzuziehen.*
GANZ OBEN: *Tregedna Pond, der erste und größte der drei Teiche, denen man beim Rundgang durch den unteren Garten begegnet.*

Verlorenes wiedergefunden

Der Weg zurück geht Richtung Haus, das jetzt in Wohnungen aufgeteilt ist und wo die Vegetation bis an die Terrasse drängt. Eine gepflegte Unordnung zieht sich durch die Anlage. Es wird noch gearbeitet, aber es fehlt sowohl an Arbeitskräften als auch an finanziellen Mitteln, um Penjerrick wieder völlig instand zu halten. Dennoch ist die Hand des Gestalters noch zu spüren. Als Barclay Robert Fox das Anwesen 1839 von seinem Vater Robert Were Fox II überschrieben bekam, beschäftigte er sich sofort mit der Umgestaltung des länglichen Grundstücks, das sich das Tal hinab bis zum Meer erstreckte. Bäume wurden gerodet, Blickschneisen geöffnet, die Zufahrt zum Haus erstellt, Teiche ausgehoben, Steine geschichtet und das Haus als Sommerresidenz für ihn, seine Eltern und Schwestern ausgebaut. Beeinflusst durch seinen Onkel Charles Croker Fox, der mit exotischen Pflanzen in seinem Garten Rosehill in Falmouth experimentierte, wurden damals neuartige Spezies in Penjerrick gepflanzt. Barclay starb 1855, doch seine Arbeit wurde fortgesetzt. Eine Grotte und ein Farngarten wurden in der Nähe des Hauses angelegt, zahlreiche Koniferen gepflanzt, wie auch andere Pflanzen, von denen Fox glaubte, dass sie gut wachsen würden; all dies ist noch vorhanden. Die Wirkung, beschrieben in der Zeitschrift *Gardener's Chronicle* von 1874, war: »von Landschaftsgestaltern ausgeführt mit dem exquisitesten, kultiviertesten Geschmack«.

1990 wurde das Anwesen an den National Trust überschrieben, der es wegen mangelnder »Mitgift« aber ablehnte. Mit Glendurgan, dem Garten, angelegt von Robert Were Fox II Bruder Alfred und seinen Nachkommen, bereits seit 1962 in Besitz des National Trust, und Trebah, dem Garten, der vom anderen Bruder der Fox-Dynastie als Stiftung geführt wird, meinte man, dass der Bedarf an Fox-Gärten abgedeckt sei. Penjerrick war einfach zu spät dran. So schlummert der Garten vor sich hin und wartet auf sein Schicksal.

OBEN: *Wasser ist überall präsent im unteren Garten, als Bäche, Kaskaden, Teiche und auch in Form von Sumpfgebieten.*
LINKS: *Ein Baumfarn im Aufrollen.*
GEGENÜBER OBEN: *Das Wohnhaus, jetzt aufgeteilt in Wohnungen, ist nur von wenigen Stellen vom Garten aus zu sehen.*
GEGENÜBER UNTEN: *Der Bambusgang im unteren Garten*

Klassisches Cornwall

Zu neuem Leben erwacht

OBEN: *Statt wie in den meisten ummauerten Gärten gegen ein verschlossenes Tor zu schauen, hat Sue Nathan den Blick in den Nutzgarten durch ein elegantes Holztor geöffnet.*
GEGENÜBER: *Saftig, abgestimmt und spannend, Schaublatt (Rodgersia) und mehr säumen die Ufer von »Sue's Lake«.*
SEITE 66/67: *Der zauberhafte Blumengarten im oberen Teil des ummauerten Gartens ist der Inbegriff eines englischen Gartens, in dem sich das Formale und das Lockere auf meisterhafte Art verbinden.*

Wenn es ein Anwesen gibt, das den Traum eines Landhauses in Cornwall erfüllt, dann ist es Bonython. Weder das Haupthaus noch der Garten sind so groß, dass es einen erschlägt, noch ist die Architektur so dominant, dass es einen einschüchtert. Bonython ist eine perfekte, in die Landschaft eingebettete »Gentleman's« Residenz, die über die letzten Jahrzehnte nicht nur restauriert, sondern einfühlsam in das 21. Jahrhundert gebracht wurde.

Als Sue Nathan und ihr Mann Richard 1999 auf Bonython inmitten der Lizard-Halbinseln gestoßen sind, fanden sie ein Anwesen, das zwar vernachlässigt wurde, jedoch ein enormes Potenzial hatte. Außer der wunderschönen, wohlproportionierten symmetrischen Hauptfassade, erbaut 1780 im klassizistischen Georgian Style, war das Haus an den anderen Flanken eher verschachtelt mit scheinbar willkürlich platzierten Fenstern und Türen. Einen Garten als solchen gab es nicht, nur Bäume, Wiesen, Wald und einen ummauerten Garten, der unbedingt wieder zum Leben erweckt werden musste. Nüchtern und einfallslos, war dies wenig mehr als nur Begleitgrün für das Schwimmbecken. Heute, gut zwölf Jahre später, erstrahlt nicht nur das Haus, sondern auch der Garten in neuem Glanz.

Statt historische Vorbilder sklavisch nachzuahmen, bestreitet Mrs. Nathan ihren eigenen Weg, der zum Ort, ihrem Lebensstil und zu ihren Vorlieben passt. Sie hat nicht versucht, alles auf einmal zu machen, sondern beginnend unten im Garten bei den Teichen, hat sie sich allmählich heraufgearbeitet. Ein langsames Vorgehen, wobei sie sich mit den örtlichen Gegebenheiten vertraut machen konnte. Sie probierte einfach aus, was gedieh und welches die Probleme – Kaninchen und Mäuse – sind. Mit 8 Hektar inklusive der Zufahrt, den Wäldern, Wiesen und drei Teichen, die progressiv zum Tal hinabgleiten, war Platz genug, ihre zahlreichen Ideen zu verwirklichen. Der Garten sollte nach Vorstellung von Sue Nathan wie eine Reise sein, die harmonisch von einem Bereich zum anderen führt, mit interessanten und überraschenden Höhepunkten. Als gebürtige Südafrikanerin brachte sie eine Vorliebe für Ziergräser und Präriepflanzen mit,

Zu neuem Leben erwacht

RECHTS: *Durch eine gekonnte Bepflanzung hat Sue Nathan es geschafft, das vorhandene Poolhaus und das Schwimmbecken im neuen Garten einzubinden.*
UNTEN: *Der Steingarten seitlich am Haus wirkt wie ein kleines Parterre.*
GEGENÜBER OBEN: *Einfach, elegant und passend: das ovale Spiegelbecken vor der Hauptfassade des Hauses.*
GEGENÜBER UNTEN: *Katzenminze, Allium-Kugeln und Buchsbaumhecken sind die wiederkehrenden Pflanzen im Blumengarten.*

die sie in einem Areal an einer Böschung des mittleren Teichs ansiedelte. Bänder von Ziergräsern wie strohfarbenes Reihenfedergras *(Stipa tenuissima)* und bronzefarbenes Fasanenschwanzgras *(Anamanthele lessoniana)* werden durch sich in die Höhe streckendes Indisches Rohr *(Canna)* unterbrochen, wie auch von Feuerfackeln *(Kniphofia)* und vielem mehr. Während warme Farben diese Zone kennzeichnen, ist der restliche Bereich um die Teiche und den Bach von subtilen Grüntönen in allen Schattierungen bestimmt, beispielsweise großblättriges Schaublatt *(Rodgersia)* und riesiges Mammutblatt *(Gunnera manicata)*. Das Gepflanzte wird immer weniger und geht fast nahtlos in das Natürliche über, und nur einzelne, frisch gepflanzte Kamelienbüsche erinnern daran, dass man noch in einem Garten ist. Unten am letzten Teich, geformt in einer alten Steingrube, wo die Felswände senkrecht aus dem Wasser steigen, herrscht eine magische, ruhige, unberührte Stimmung.

Es ist diese Fähigkeit, die Möglichkeiten eines Orts zu erkennen und, wenn notwendig, dann nur mit einfachen Mitteln zu arbeiten, die diesen Garten auszeichnet. So wurde die Zufahrt leicht abgesenkt und in einem großen Bogen weg vom Haus verlegt. Ein Ha-Ha wurde an der Grenze zu den Wiesen gegraben, dadurch die Fassade von parkenden Autos befreit und ein freier Blick über die Landschaft geschaffen. Eine talentierte Innendesignerin, hatte Sue Nathan ihr Können auch im Freiraum bewiesen. Sie hat nicht nur Elemente vom klassischen englischen Landschaftsgarten übernommen, sondern auch einen Hauch französischer Gartenarchitektur mit integriert. Schlicht, einfach, aber absolut wirkungsvoll, ließ sie ein ovales Spiegelbecken, umgeben von einer zarten, stufenartigen Bodenmodellierung vor dem Haus anlegen. Aus der Ferne und vom Haus selber aus gesehen, erscheint das Becken rund zu sein. Die Perspektive wird verzerrt und die Wirkung, im Zusammenhang

OBEN UND GANZ OBEN: *Der Gemüse- und Kräutergarten im unteren Teil des ummauerten Gartens wurde als Rondell angelegt mit Hochbeeten, gefüllt mit Essbarem sowie rosa- und burgunderfarbenen Blumen.*

mit der Landschaft und dem Meer, das in der Ferne zu sehen ist, ist exzeptionell.

Immer wieder trifft man auf das Zeitgenössische und das Traditionelle in diesem doch jungen Garten. Der ummauerte Garten, der in einen oberen und unteren Bereich geteilt ist, zeigt eine erstaunliche Reife und ist zugleich farbenfroh und zurückhaltend. Während Blumen den oberen Garten bestimmen, ist der untere Gartenteil dem Gemüse und Obst übergeben. Sogar das alte Schwimmbecken, das eines Tages noch ersetzt werden soll, fügt sich in das Gesamtszenario ein. Statt der üblichen kleinen Öffnung in der Mauer, ist hier eine breite Holztür angebracht, die den Blick über die Obstwiese zu dem ersten Teich zieht. Neben dem ummauerten Garten auf freiem Feld befindet sich eines der neuesten Projekte von Sue Nathan: ein Birkenhain mit 140 *Betula utilis* var. *jacquemontii*, gepflanzt als großer Kreis um eine leicht erhöhte Lichtung, bekrönt von einer Skulptur von Alex Coode. Noch sind die Bäume klein, aber dank der umliegenden Windschutzpflanzung haben sie gute Chancen, sich zu etablieren; bereits jetzt stechen die weißen Rinden vor dem dunklen Hintergrund hervor.

Auch am Haus hat sich einiges getan, seit die Nathans Bonython übernommen haben. Die alten Stallungen auf der Hinterseite des Haupthauses wurden als großzügiger Gartenraum ausgebaut und durch den Küchentrakt mit den anderen Räumen

verbunden. Luftig und licht hat man hier das Gefühl, inmitten des Gartens zu sitzen, denn zu einer Seite liegt der zeitgenössische Innenhof und zur anderen ein kleiner, aparter Gartenraum, die neueste Ergänzung zum Garten. Während der Innenhof schlicht, großzügig und von Wasser und Gräsern bestimmt ist und die Farbgebung reduziert ist auf bräunliche, gräuliche, blondschimmernde Farben, erscheint der Gartenraum kleinteilig und weiblicher, fast wie ein Boudoir. Hier befinden sich die zarten Pflanzen, die Blumenzwiebeln, Tulpen und feinen Ziergräser, die nie im Hauptgarten überleben würden.

Noch kann man in diesen Garten hineinschauen, aber sobald sich die Eibenhecke sowie die Clematis und andere Kletterpflanzen etabliert haben, wird der Garten von außen nur mehr durch kleine Fenster sichtbar sein. Die Ideen für diesen Garten sind nicht ausgegangen, ein weiteres Wasserbecken in der Nähe des Hauses ist vorgesehen. Sue Nathan mag in Sachen Garten eine Autodidaktin sein, aber sie geht an die Sache wie ein Profi und plant und zeichnet alles nach Maß, bevor sie und ihr Team von zwei Gärtnern mithilfe eines kleinen Baggers die Sache in Angriff nehmen. Bei allem ist sie aktiv dabei. Sie kennt ihre Pflanzen, weiß inzwischen, was wo gedeiht und ist immer auf Überraschungen vorbereitet.

OBEN: *Hier am zweiten Teich hat Sue Nathan mit der Instandsetzung des Gartens begonnen. Eine erstaunliche Vielfalt an Pflanzen säumt die Ufer und zieht sich die Böschung hoch.*
GANZ OBEN: *Die Gunnera-Insel am oberen Teich unterhalb der Streuobstwiese und des Nutzgartens.*
SEITE 74/75: *Ein Schleier von Stipa gigantea filtert den Blick auf die Pergola und den dahinterliegenden Gartenraum.*

Der Garten einer Lady

OBEN: *Das markante Bauwerk von Ince Castle vom formalen Parterre aus.*
GEGENÜBER: *Im Frühling, bevor die Blätter austreiben, ist der Waldgarten licht und hell – noch sind die Blickschneisen zur Bucht offen*

Ince Castle ist der Inbegriff eines englischen Gartens, wie er gern in Büchern und Filmen vorgestellt wird: traditionell, lieblich, aber mit Struktur, imposant, aber von menschlichen Dimensionen und geprägt von einem persönlichen Flair. Nur wenige Male im Jahr im Rahmen der National Gardens Scheme geöffnet, ist dieser Privatgarten den meisten Gartenfans völlig unbekannt. Nach den engen, kurvenreichen Landstraßen wirkt die etwa 1 Kilometer lange Zufahrt, im Frühling beidseits von einem breiten Band Narzissen gesäumt, gleichzeitig prächtig, aber dennoch ländlich. Die Farben – das knallige Gelb der Blüten zu dem frisch austreibenden Grün und dem blauen Himmel im Hintergrund – lassen die Ziegelsteine des Gebäudes noch bunter und die Schieferverkleidung der Ecktürme noch dunkler erscheinen. Erbaut 1653, aber erst seit 1960 im Besitz der Familie Boyd, ist Ince Castle keine feudale Burg, sondern ein Landhaus mit Türmen an jeder Ecke und Zinnen dazwischen.

Was Ince Castle neben seiner ungewöhnlichen Architektur auszeichnet, ist die Lage direkt an der Küste. Mit einer Aussicht in jede Himmelsrichtung wäre es naheliegend, den Schwerpunkt im Garten ausschließlich auf die Blicke zu legen. Hier wurde aber in einem durchdachten Zug das Umfeld in Themenbereiche aufgeteilt: nach Westen der Vorplatz und die Zufahrt, zum Norden hin der Schattengarten, nach Osten der Park und nach Süden die formalen Gärten mit anschließender Obstwiese. Obwohl jeder Bereich getrennt für sich ist, gehen die Gärten, oft durch gerahmte Blicke, harmonisch ineinander über. Als Alice Boyd 1994 zusammen mit ihrem Mann das Anwesen übernahm, hatte sie die schwierige Aufgabe, den 2 Hektar großen Garten, der nach den Vorlieben ihrer Schwiegermutter, Viscountess Boyds, angelegt worden war, weiterzuentwickeln, ohne die Struktur zu verändern oder den Charakter des Orts zu stören.

Entgegen der üblichen Art der Gärten dieser Gegend war es von Anfang an gewünscht, keine großwüchsigen Rhododendren im Waldgarten zu pflanzen. Der Garten sollte luftig und licht,

Klassisches Cornwall

OBEN UND GANZ OBEN: *Die Blicke aus und in den Garten sind mit Bedacht gestaltet, sei es durch das einfache Holztor oder durch den Spitzbogen.*
GEGENÜBER OBEN: *Ländlich, lieblich und beeindruckend: der Blick über die Tulpenwiese auf der Halbinsel von Antony und Torpoint.*
GEGENÜBER UNTEN: *Das formale Parterre mit Kieselpflasterwegen und Beeten, gefüllt mit kleinwüchsigen Ziersträuchern.*

mehr halbschattig als schattig sein und Lebensraum für Stauden wie auch Ziergehölze anbieten. Helleboren, Wolfsmilch, Geranien und zahlreiche andere Bodendecker sollten ebenso ihren Platz finden wie die Azaleen und Kamelien. Im Frühling ist eine der schönsten Stellen die große Lichtung, früher das Bowling Green, wo sich Schachbrettblumen *(Fritillaria meleagris)* und Schlüsselblumen in der Mitte der Wiese in einer wunderbaren Melange von Purpur, Weiß und Gelb verwildert haben. Vom Laubwald führt der Weg entlang eines etwa 5 Meter breiten Rasens zu der offenen Fläche vor der Ostfassade des Hauses, wo sich der Blick im 180-Grad-Winkel links zur Mündung des Lynhers mit dem Tamar Richtung Plymouth öffnet und weiter nach rechts über die Wälder und Felder der gegenüberliegenden Halbinseln nach Antony und Torpoint. Dank eines versteckten und nur aus der Nähe sichtbaren Grabens, eines sogenannten Ha-Ha, können weidende Schafe vom Garten ferngehalten werden, und gleichzeitig kann man dieses herrliche Panorama ohne störende Einfriedung genießen. Leider war dieser Blick jahrzehntelang von den tieferliegenden Räumen des Erdgeschosses versperrt. Früher war dies kein Problem, aber da man sich zunehmend auf der Terrasse aufhielt, entschieden die Boyds, eine Geländemodellierung vorzunehmen. Ein Streifen, so breit wie das Haus und über die Länge von der Terrasse zum Ha-Ha wurde etwa um 1 Meter ausgebaggert. Der Boden wurde seitlich zu einem kleinen Hügel aufgeschüttet, die Seiten planiert, und Hunderte von Tulpen, eine Leidenschaft von Lady Boyd, wurden auf den Flanken verteilt. Sie sorgen nicht nur für eine farbige Note, sondern bilden einen Übergang zu den vielen Blumenzwiebeln in Keramiktöpfen, die in einem lockeren Arrangement auf der Terrasse aufgestellt sind.

Von dieser parkartigen Landschaft geht es auf der Südseite des Hauses in das gärtnerisch Gestaltete über. Wie ein eigener Garten durch eine kleine Öffnung in der Ziegelmauer erreichbar, könnte der Kontrast nicht größer sein. Hier, wie auf der Ostseite, sind immergrüne *Magnolia grandiflora* als Spaliere an der Hauswand angebracht. Statt jedoch die restlichen Pflanzen in die Nähe des Hauses zu bringen, liegt hier wie ein Teppich ein englischer Rasen. Am Ende desselben wurden rechts und links, wie riesige Blumenarrangements, Solitär-Glyzinen *(Wisteria)* gepflanzt. Dahinter, um etwa 1 Meter tiefer, eingefriedet durch eine Buchsbaumhecke, liegt eine Terrasse, gegliedert durch Kieselpflasterwege, bestückt mit den unterschiedlichsten Azaleen in prächtigen Farben. Der Blick wird vorerst durch eine Sonnenuhr gebremst und dann setzt sich die Szene fort zum Geländer um die Wasserbecken und weiter zum Fluss und zur offenen Landschaft dahinter. Durch den gestaffelten Aufbau, begleitet auf einer Seite von der reich bepflanzten Mauer und der

Bepflanzung auf der anderen Seite, wurde die perspektivische Wirkung verzerrt, und der Garten scheint dadurch noch länger zu sein. An diesem formalen Garten hat Lady Boyd kaum etwas verändert, seit sie ihn von ihrer Schwiegermutter übernommen hat.

Wie Lady Boyd sagt, ist der Garten noch im Entstehen. Zwischen dem Wald und dem kleinen Sommergarten hat sie eine Laube aus immergrünen Steineichen *(Quercus ilex)*, die langsam Form annimmt, gepflanzt, sowie an einer anderen Stelle auch eine Böschung voll mit unterschiedlichsten Schneeglöckchen. Je länger man sich im Garten aufhält, desto mehr entdeckt man: die Helleboren-Mauer, den Sommergarten, den kleinen Schattengarten, den Schwimmbeckengarten – Bereiche, die sich wie selbstverständlich in die Gesamtanlage eingliedern. Das Wesentliche bei allem ist aber die selbstverständliche Wirkung der gärtnerischen Elemente, mit Höhepunkten über das Jahr verstreut, immer jedoch absolut im Einklang mit dem Ort.

OBEN: *Die Sitzbank, überzogen mit Flechten, am Rande der Lichtung wirkt wie ein Kunstwerk.*
RECHTS: *Immer wieder trifft man auf kleine Überraschungen, wie diese Skulptur am Brunnen im Waldgarten*
GEGENÜBER OBEN: *Das Muschelhaus in der Waldpartie am Rande des formalen Parterres wurde von den Schwiegereltern von Lady Boyd erbaut und ausgestattet.*
GEGENÜBER UNTEN: *Alle Flächen des Muschelhauses sind mit verspielten Mustern verziert.*

Mit Grüßen vom Gärtner

OBEN: *Tresillian House, gesehen über den Teich zum kleinen Landschaftsgarten.*
RECHTE SEITE: *Der ummauerte Garten ist der Höhepunkt der Anlage. Ganz nach traditioneller Aufteilung sind die Beete entlang der Ziegelsteinmauern den Schnittblumen und dem Spalierobst vorbehalten.*

Kostbarkeiten liegen oft an unerwarteten Stellen. Wer würde denken, dass sich wenige Meter gegenüber der Urlaubsattraktion »Dairyland«, wo die Plastikkühe einen schon von der Straße aus begrüßen, einer der schönsten Landsitze Cornwalls hinter dem Waldstreifen verbirgt? Wie ein Kleinod aus früheren Zeiten, aber absolut auf die heutigen Belange ausgerichtet, wurden Tresillian House und der umliegende Garten über die letzten Jahre mit Feingefühl restauriert. Würden dort keine Pkws stehen, fühlte man sich in die Viktorianische Zeit zurückversetzt, als das »neue« Haus 1848 für Richard Gully Bennett und seine Frau Loveday fertiggestellt wurde. Sie wohnten dort fast 40 Jahre lang. Nach ihrem Tod fiel das Anwesen in einen Dornröschenschlaf, der mit Ausnahme einer Unterbrechung zwischen den Weltkriegen bis zu den 1970er Jahren, als es vom jetzigen Besitzer gekauft wurde, andauerte. Oft wird während einer Renovierung die ganze Energie für das Haus aufgewendet und die Außenanlagen werden als schmückender Grüngürtel betrachtet, ohne Bezug zur Architektur, dem historischen Kontext oder ihrer Funktion. Tresillian bildet hier eine Ausnahme, eine harmonische, einheitliche Anlage, wo alles wie früher seinen Zweck erfüllt. Der Ziergarten, einst Kulisse für die Promenaden und der Beweis, dass der Besitzer kultiviert und was die Entdeckungen in der Pflanzenwelt anging, auf dem Laufenden war, wird heute genauso gepflegt wie damals. Der englische Rasen breitet sich bis zum kleinen See aus, Wechselbepflanzung – im Frühling Narzissen –, säumen die Einfahrt, und Ziergehölze schmücken die Ränder. Der Wald lieferte Holz, und der Nutzgarten, fast der wichtigste, wenn auch versteckt liegende Bestandteil, lieferte die Nahrung.

Da heute viele der Nutzgärten brachliegen, ist es umso erfreulicher, dem beispielhaften ummauerten Nutzgarten von Tresillian zu begegnen, samt seinem Head Gardener, John Harris, der seit 1994 hier tätig ist. Mr. Harris gehört einer aussterbenden Berufsgruppe an, nämlich der des traditionellen Head Gardeners. Sie haben ihr Handwerk von der Pieke auf gelernt,

OBEN: *Farbenfrohe Akeleien (Aquilegia-McKanna-Züchtungen).*
GANZ OBEN: *Canna, Lavatera trimestris 'Silver Cup', Kosmeen und mehr füllen das Beet vor dem Gewächshaus.*
GEGENÜBER OBEN: *Genauso wie früher werden auch heute Schnittblumen wie Wicken für Blumensträuße im Haus gezogen.*
GEGENÜBER UNTEN: *Die Blumen sind nicht nur Zierde, sondern auch wichtig als Partnerpflanzen für das Gemüse, wie hier die gestreifte Tagetes 'Harlequin'.*

eine lange Lehrzeit hinter sich und waren immer schon die treibenden Kräfte hinter vielen großartigen historischen Gärten. Fachmänner, denen man nie widersprach: Sie waren Meister ihres eigenen Reichs. Mittelpunkt ihrer Welt war der Nutzgarten, auch wenn er nicht immer zur Schau gestellt wurde. So war es zu Zeiten von Königin Victoria, und so ist es heute in Mr. Harris' Garten.

Wie Mr. Harris uns erklärte, macht er alles nach altmodischer Art, und, ganz ungewöhnlich für England, nach organischen und biodynamischen Prinzipien. Auf 0,4 Hektar (ein Acre nach englischen Maß) baut Mr. Harris, unterstützt von zwei weiteren Gärtnern, Obst und Gemüse an und hat immer Zeit, die restlichen 11 Hektar des Gartens in Topzustand zu halten. Sogar Anfang März, wo außer Lauch und nur sprießendes Grün der heranwachsenden Zwiebeln und Bohnen die braunen Felder der vier großen, feingerechten Beeten unterbrechen, strahlt der Garten eine eigene Schönheit aus. Man spürt und riecht das Wachsen, sei es das austreibende Grün des Spalierobstes, das an der Mauer wächst oder im »Potting Shed«, der Topfhütte, wo Mr. Harris gebückt über dem Tisch mit dem Pikieren beschäftigt ist. Sachlich, gesprächig und voll mit Informationen, gleicht eine Stunde in seiner Gesellschaft einer Meisterklasse. Er interessiert sich für alte, oft namenlose Obst- und Gemüsesorten, die schmackhafter als die neuen sind und nicht nur auf dem Teller,

OBEN: *Gemüse in Reih und Glied, darunter viele alte, inzwischen namenlose Sorten wie die hochwachsenden Erbsen rechts.*
MITTE: *Birne* Pyrus communis *'Beurre Hardy' als Spalierbaum.*
UNTEN: *Viele der Obstsorten im Garten wie dieser Spalierapfel der Sorte 'Cornish Aromatic' stammen aus Cornwall.*
GEGENÜBER OBEN: *Dank der guten Pflege wächst hier alles ausgezeichnet, vom Kohl bis zu den Zinnien.*
GEGENÜBER UNTEN: *Die Vogeltränke umgeben von Kräuterpflanzen.*

Klassisches Cornwall

OBEN: *Dass ein Nutzgarten einen eigenen ästhetischen Wert hat, wird in Tresillian bewiesen. Hier allerlei Kohlsorten, unter anderem 'Huzaro'.*
OBEN RECHTS: *Kürbis 'Sumo'*
GEGENÜBER LINKS: *Die Obstplantage zur Apfelernte, neben Tafel- und Kochäpfeln wurden in Tresillian auch Pflaumen und Kirschen gepflanzt.*
GEGENÜBER RECHTS: *Der Head Gardener, Mr. John Harris, beladen mit Gemüse – Lauch, Rotkohl, Zwiebeln und Mangold in allen Farben.*
GEGENÜBER UNTEN: *Rote Zwiebeln, fachmännisch zum Trocknen aufgereiht*

sondern auch im Garten schön aussehen. Aus diesem Grund legte er 1993 einen neuen Obstgarten mit über 100 Bäumen auf dem freien Feld neben dem Nutzgarten an. Dabei wollte er nicht nur das Haus mit Obst und Säften beliefern, sondern auch alte cornische Obstsorten vor dem Aussterben retten. Als er auf der Suche nach alten Sorten war, nutze er seine Radiosendung, ausgestrahlt am Sonntagmorgen, um einen Aufruf zu machen. Die Resonanz war erstaunlich, und so kam er an Seltenheiten wie beispielsweise die Cornische Pflaume.

Obwohl hier nach alter Art gearbeitet wird, ist Tresillian keineswegs museal, sondern genauso, wie man sich so ein kleineres Landhaus vorstellt. Sogar die Wirtschaftsbauten seitlich vom Haupthaus haben ihren äußerlichen Charakter bewahrt, auch wenn die Funktion geändert wurde. Hier liegt Mr. Harris' Arbeitszimmer, eine wahre Fundgrube von allem Gärtnerischen. Zwischen den Schüsseln, gefüllt mit Erbsen, die darauf warten, gepflanzt zu werden, Saattüten, Etiketten und Stapeln

Mit Grüßen vom Gärtner

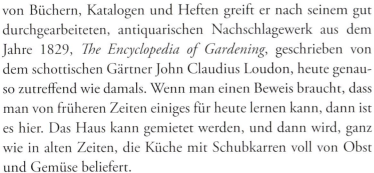

von Büchern, Katalogen und Heften greift er nach seinem gut durchgearbeiteten, antiquarischen Nachschlagewerk aus dem Jahre 1829, *The Encyclopedia of Gardening*, geschrieben von dem schottischen Gärtner John Claudius Loudon, heute genauso zutreffend wie damals. Wenn man einen Beweis braucht, dass man von früheren Zeiten einiges für heute lernen kann, dann ist es hier. Das Haus kann gemietet werden, und dann wird, ganz wie in alten Zeiten, die Küche mit Schubkarren voll von Obst und Gemüse beliefert.

In die Landschaft eingebettet

OBEN: *Ein zierliches, schmiedeeisernes Tor führt vom Waldgarten in den weitläufigen Park.*
GEGENÜBER: *Entlang des Spazierwegs, der am Hang durch den Waldgarten führt, stößt man auf diese Lichtung. Bei Regen wird die Felswand von schmalen Wasserfällen überzogen, was das Arrangement von der Bleiwanne, den Solitärpalme (Trachycarpus fortunei) und Baumfarnen noch außergewöhnlicher macht.*

Idyllisch, romantisch, mitten im Grünen und abgelegen, erfüllt Boconnoc alle Vorstellungen eines cornischen Landsitzes. Gäbe es nicht die Cornische Frühlingsausstellung, die seit 2003 auf diesem Gelände jährlich am ersten Wochenende im April stattfindet, wüsste man nicht, dass Boconnoc bei Lostwithiel im Nordosten von Cornwall überhaupt existiert. Die Zufahrt befindet sich an einer Kreuzung und schaut auf den ersten Blick wie ein besserer Waldweg aus, der sich im Grünen verläuft. Umso größer ist die Überraschung, wenn man um die Kurve fährt und eine prächtige, breite, gerade Zufahrt vor einem liegt. Ausgeführt in Asphalt mit einem breiten Betonstreifen links und rechts, der dann in einen noch breiteren Rasenstreifen und dichteren Wald übergeht. Die lineare Wirkung wird weiter unterstrichen durch einzelne Kiefern, die Reste einer Kiefernallee, die im 19. Jahrhundert gepflanzt wurde, die zielgerichtet, die Konturen verfolgend, auf einen Obelisk hinführen. Errichtet 1771 von Thomas Pitt (dem Vetter des britischen Premiers William Pitt der Jüngere) im Andenken an den Onkel seiner Frau, Sir Richard Lyttelton, steigert dies zusammen mit der schieren Größe der Anlage das Gefühl, etwas Besonderes zu besuchen.

Der Wald öffnet sich, und die Straße teilt sich. Die Entscheidung, welchen Weg man nehmen soll, fällt nicht schwer, denn nur die linke Gabelung ist asphaltiert, die rechte ist etwas für Vierradantrieb. So kommt man aus dem Wald ins offene Feld und glaubt, sich in einem Gemälde zu bewegen, denn der Blick auf das Landhaus ist die perfekte pittoreske Inszenierung, ein glückliches Zusammentreffen von Lage und Architektur. Die Landschaft scheint bis zur Haustür zu rollen, und nur die leicht unterschiedlichen Grüntöne des Grases verraten, wo die Weide aufhört und der Rasen beginnt. Hier und da stehen Solitärbäume, Eichen und sogar ein übergroßer, prächtiger Zierapfel mit einzelnen Gruppen von Rhododendren in der Nähe des Hauses. Die bukolische Stimmung wird weiter untermalt durch die alte Kirche aus dem 15. Jahrhundert, die erhöht auf der rechten Seite des Hauses steht und daran erinnert, dass dieses Areal seit der

In die Landschaft eingebettet

Normannenzeit besiedelt ist. Als Thomas Pitt (1653–1726) das Anwesen von dem Erlös des Verkaufs des Regenten-Diamanten erwarb, ließ er das Haus vergrößern. Das Herrenhaus, erbaut aus grauem, leicht rosa geflecktem Naturstein, ist eher wohnlich als imposant und typisch für Bauten aus dem 18. Jahrhundert und trotz seiner Länge wohl proportioniert. Weitere Ergänzungen wurden 1771 von seinem Enkel, dem ersten Baron Camelford, vorgenommen, der auch Fuhr- und Spazierwege im Park anlegen ließ, ganz nach dem damals modischen englischen Landschaftsstil, wie er von Capability Brown befürwortet wurde. Mit der einzigartigen Lage, dem offenen Park im Vordergrund, dem kleinen Tal mit Fluss und Teich auf der Rückseite des Hauses wie auch dem ansteigenden bewaldeten Hang im Hintergrund, waren die natürlichen Gegebenheiten prädestiniert für solch eine Anlage.

Außer Sicht vom Haus, als Fortsetzung des Tals, das hinter der Kirche und den Stallungen weiter verläuft, wurde im Jahr 1840 ein Waldgarten angelegt, bestückt mit Koniferen, Kamelien, Rhododendren und weiteren neuartigen Ziergehölzen, von Thomas Pitts Schwester Anne, Lady Grenville, die das Anwesen geerbt hatte. Wie die restlichen Anlagen, so fügt sich auch dieser Teil in den 8 Hektar großen parkartigen Garten wie selbstverständlich ein. Alles scheint von Natur aus so arrangiert zu sein, sogar die prachtvollen, ausladenden Rhododendren in einer kunterbunten Mischung von Farben. Dass eine Hanfpalme *(Trachycarpus fortunei)* mitten in einer kleinen Lichtung steht, mit einem Wasserfall, der nur an Regentagen läuft, scheint ebenfalls natürlich zu sein.

Auch wenn nachfolgende Generationen der Familie die Anlage ergänzt haben, wurden der Charakter und die Stimmung stets belassen. In diesem Sinne arbeiten die jetzigen Besitzer Antony und Elizabeth Fortescue weiter. Passende Veranstaltun-

OBEN: *Ein Rondell aus Kamelien und Azaleen schmückt den Innenhof vor den Stallungen.*
GANZ OBEN: *Eine riesige Baumheide bedeckt den Hang vor der alten Kirche.*
GEGENÜBER OBEN: *Das Herrenhaus von Boconnoc, erbaut im 18. Jahrhundert, mit der Kirche aus dem 15. Jahrhundert.*
GEGENÜBER UNTEN: *Der Waldgarten im Frühling.*

gen, wie Oldtimer-Treffen und Hochzeiten, alle im Einklang mit dem historischen Ambiente, finden hier statt. Die in den Stallungen untergebrachten Ferienwohnungen, entworfen von John Soane, dem Architekten der Bank of England, bieten die Möglichkeit, das weitläufige Areal von über 80 Hektar mit zahlreichen Privatstraßen und Laubwäldern in Ruhe zu entdecken. Obwohl weder das Haus noch der Garten zu den imposantesten Anlagen Cornwalls gehören, zeichnet sich Boconnoc dennoch durch seine Stimmung und Bescheidenheit aus. Garten, Park und die Kulturlandschaft fügen sich zu einem harmonischen Bild zusammen, und die Grenzen zwischen dem, was in der Natur vorkommt und was geplant wurde, sind aufgehoben, denn hier ist die Landschaft der Garten.

OBEN: *Schmale Stufen führen zwischen dem Steingarten hinauf zur Kirche.*
GANZ OBEN: *Ein ausladender Zierapfelbaum mit strammstehender Säuleneibe im Landschaftspark zieht alle Blicke auf sich.*
GEGENÜBER OBEN UND UNTEN: *Unten am Teich bilden die Azaleen ein Feuerwerk aus Farben, das durch den Spiegeleffekt des Wassers noch gesteigert wird.*

Wo die Baumfarne wachsen

OBEN UND SEITE 98/99: *Die »Baumfarngrube«, gefüllt mit* Dicksonia antarctica, *ist urwüchsig, fremdartig und faszinierend.*
GEGENÜBER: *Im sanften Morgenlicht wirkt der Teichgarten noch verträumter. Die japanische Laterne, ein Geschenk an den jetzigen Besitzer Alverne Bolitho von seiner Mutter, Elizabeth, steigert die kontemplative Stimmung.*

Aufgrund seiner Lage, nämlich direkt an der Straße, die von Penzance bis Land's End führt, würde man meinen, dass Trewidden einen größeren Bekanntheitsgrad hat. Aber da die meisten Touristen unter Zeitdruck stehen und unbedingt den südlichsten Zipfel Englands erreichen wollen, fahren sie an Trewidden vorbei. Lediglich im Frühling, wenn sich die rosafarbenen Blüten der Magnolien zwischen die Baumwipfel mischen, gibt es einen Hinweis, dass sich hier im Wald etwas verbirgt. Aber es war nicht immer so. Ab der Mitte des 19. Jahrhunderts bis zu den 1930er Jahren war Trewidden der Garten dieser Gegend, bekannt für die einzigartigen Ziergehölze und exotischen Pflanzen, und wurde von zahlreichen Gartenliebhabern besucht.

So wie die Dynastie Fox zu den führenden Familien um Falmouth gehörte, gehörten die Bolithos zur Elite von Penzance. Als Edward Bolitho das Land um Trewidden 1830 erwarb, war die Familie an allem, vom Zinnabbau über Sardinenfang bis hin zum Bankwesen beteiligt. Das Haus mit passendem Garten sollte den Stellenwert der Familie in der Gesellschaft spiegeln und entwickelte sich erst mit den Jahren mit der Hilfe von diversen Head Gardeners, die sich durch ihre langjährige Tätigkeit auszeichneten, zu einem beachtlichen Garten. Sein Ursprung geht in die zweite Hälfte des 19. Jahrhunderts zurück, er unterscheidet sich in dreierlei Hinsicht von den anderen Gärten dieser Region: Zum einen war das etwa 15 Hektar große Grundstück quadratisch, hatte also nicht die übliche längliche Form; weiterhin lag es auf einer Anhöhe und war außer an einzelnen Stellen eben. Diese Vertiefungen und Mulden waren Überbleibsel des Zinnabbaus, der vermutlich seit den Zeiten der Römer auf dem Grundstück erfolgte, bis die Adern erschöpft oder einfach zu schwierig abzubauen waren. So sind immer wieder Relikte dieser industriellen Vergangenheit anzutreffen, die geschickt in den Garten integriert sind.

Die Anlage ist nicht aufregend, sondern stimmig, ja sogar bescheiden, und weil der Besucher das Wohnhaus nie zu sehen bekommt, wirkt der 6 Hektar große Teil des Gartens, zu dem

OBEN: *Der Teichgarten mit der prächtigen* Magnolia × veitchii 'Peter Veitch' *im Hintergrund und den aufrollenden Blättern von* Gunnera manicata *im Mittelfeld.*

das Publikum Zutritt hat, wie ein Reich für sich. Die andersartige Bescheidenheit fängt bei der Zufahrt an, die ansteigend über eine Strecke von etwa 450 Metern beidseits von »cornischen Hecken« (Natursteinmauern) eingefasst ist. Um zum Besuchereingang zu kommen, durchquert man den unteren, neueren Teil des Gartens, die Kamelien-Bepflanzung im lichten Wald. Bis jetzt war das alles nicht vielversprechend, der Eingang durch eine Waldpartie erweckt auch keine große Hoffnungen. Umso überraschender ist der Baumfarnwald, der sich plötzlich nach einer Kurve vor einem ausbreitet. Die Farne wurden gegen Ende des 19. Jahrhunderts, als Thomas Bedford Bolitho 1890 den Besitz erbte, als 60 bis 90 Zentimeter hohe Pflanzen eingesetzt, die er von der Firma Treseder aus Truro für etwa 1 bis 2 englische Pfund Sterling pro Stück bezogen hatte. Inzwischen haben sie sich zu einem wahren Jurassischen Dschungel entwickelt.

Auch die Nordallee, der lange, gerade Weg, der zum Teichgarten führt, ist gesäumt von einer erstaunlichen Anzahl an Raritäten wie der seltenen *Magnolia hypoleuca* (syn. *obovata)*, die inzwischen das größte Exemplar in Großbritannien ist, und zahlreichen Kamelienarten wie *Camellia taliensis* und *C. tsai*. Hier, wie in anderen Teilen des Gartens, ergänzte Mary Williams, die auf Trewidden geboren ist und nach dem Tod ihres Mannes Charles Williams von Caerhays Castle 1955 hierher zurückgezogen ist, die Pflanzung. Sie brachte zahlreiche Kamelien-

Züchtungen von Caerhays Castle mit und baute so die Sammlung auf. Aber mit Ausnahme von Mary Williams und ihren Vorfahren Thomas Bedford Bolitho war es den Head Gardeners überlassen, den Garten zu entwickeln. Dabei war George Maddern, der stolze 45 Jahre bis 1890 in Trewidden beschäftigt war, maßgeblich verantwortlich. Er überlebte seinen Herrn um vier Jahre und war so anerkannt, dass er eines Nachrufs in der Zeitschrift *Gardeners Chronicle* würdig war. Pflanzen aus Asien und der südlichen Halbkugel wurden eingeführt, die sukzessive von späteren Generationen ergänzt wurden.

Es ist dieses Gefühl der Kontinuität, die die Anlage prägt. Der Frühling ist eine prächtige Zeit für diesen Garten, in der die Vegetation ringsherum erst am Erwachen, aber der Garten schon voller Farbe ist. Teppiche von Narzissen, manchmal überlagert von den pinkfarbigen Blütenblättern der großen baumartigen Magnolien, dazu das kräftige Pink, Rot und leuchtende Weiß der Kamelien und Rhododendren. All dies vereint sich im Teichgarten, der das bescheidene und persönliche Flair des Gartens unterstreicht. Die ausladende *Magnolia × veitchii* 'Peter Veitch' mag das größte Exemplar Großbritanniens sein, aber sie, ebenso wie der Garten selbst, macht wenig Aufhebens daraus. Und irgendwie ist die japanische Laterne auf der kleinen Insel passend, denn hier kommt man wie in den Gärten Japans zur Ruhe, tankt auf und kann sich besinnen.

OBEN: Camellia × williamsii *'Debbie'*, *eine der vielen Züchtungen der Familie Williams, gepflanzt im Kameliengarten.*
GANZ OBEN: *Zur Frühlingsblüte der cornischen Gärten gehören auch Narzissen, die hier in Trewidden in breiten Bändern in mehreren Sorten gepflanzt wurden.*

Im Schatten der Vergangenheit

OBEN: *Einst eine wichtige Verbindung von den oben liegenden Dörfern zum kleinen Hafen, wird dieser Weg heute selten benutzt.*
GEGENÜBER UND SEITE 2/3: *Der schnellfließende Bach bestimmt den Charakter des talartigen stimmungsvollen Gartens, wo Moos die Steine bedeckt, Narzissen wild wachsen und Kamelien sich über die Wasseroberfläche beugen.*

In einer Kurve gelegen kurz vor der Abzweigung nach Lamorna, ist nichts von einer Behausung oder von einem Garten zu sehen. Nur Laubwald, die Baumstämme an der Schattenseite von Moos überzogen, Flechten von den Zweigen hängend, der Waldboden, im Frühling bedeckt mit einer lichtgrünen Laubschicht von Bärlauch- und Bluebell-Blättern, der sich scheinbar bis zum Ende des U-förmigen Tals hochstreckt. Ein Landschaftsbild, das typisch für Cornwall ist mit seinen bewaldeten Tälern, die vom Meer bis weit ins Landesinnere drängen. Für gewöhnlich bleiben solche Bereiche unberührt, ein Stück Natur von Waldreben, aber selten vom Menschen erobert. Hier ist es anders, denn während man vorsichtig die Schotterstraße durch den Wald fährt, hat man das Gefühl, einen Ort zu passieren, der tief in der Vergangenheit verankert ist.

Ein einfaches Feldgatter und eine von Farnen und Moos bewachsene Natursteinmauer markieren den Eingang zum Garten, der zwar immer noch von Bäumen bestimmt ist, aber lichter und offener wirkt. In gewisser Weise ist Trewoofe Orchard widersprüchlich. Der Orchard, die Apfelwiese, ist längst verschwunden, das Haus, erbaut 1912, ist im Gegensatz zu vielen anderen in Cornwall nicht besonders hübsch. Lediglich die rosafarbene Hauptfassade ist attraktiv, sogar romantisch, aber ringsherum wurde über die Jahre zu viel angebaut, sodass der Charme etwas verloren gegangen ist. Und wäre der Garten nicht just an dieser Stelle umgeben von Wald, geschützt durch die Tallage und bestimmt von dem kristallklaren Wasser des rauschenden Bachs, würde er keine besondere Aufmerksamkeit erregen. Wer aber, wie das Ehepaar Waterstone und die anderen Vorbesitzer, das Potenzial des Orts erkennt und sachte mit dem Vorhandenen umgeht, dem ist es möglich, etwas Außergewöhnliches zu schaffen, etwas, das zuinnerst den Geist Cornwalls trifft.

Laut einer Sage soll das Wasser hier heilende Kräfte haben, landwirtschaftliche Terrassen aus dem Mittelalter wurden auf dem Hang gefunden, ein alter Fußweg zwischen St Buryan und der Bucht von Lamorna Cove geht durch das Grundstück

Im Schatten der Vergangenheit

und überquert den Bach an einer alten Zugbrücke. Ein Fogou, ein unterirdischer Gang, angelegt, um königstreue Truppen im 17. Jahrhundert zu verstecken, führt durch den Wald. Die Krönung für die Waterstones war jedoch die Entdeckung der stehenden Steine bei der Verlegung eines unterirdischen Elektrokabels. Sie wurden daraufhin bei der Einfahrt aufgestellt, und es hat den Anschein, als seien sie schon immer hier gewesen. Dick und Barbara Waterson arbeiten mit ganzem Herzen in Trewoofe Orchard, seit sie 1993 hierher gezogen sind. Während Barbara sich hauptsächlich um die Pflanzen kümmert und vieles selber zieht, ist Dick für die schwere Arbeit wie Wegebau, Baumpflege und Rasenmähen zuständig.

Außer bei der Einfahrt und eines weiteren Holzgatters im Gelände wurden keine sichtbaren Grenzen gezogen. Der Übergang in die Umgebung ist nahtlos, und es ist schwierig zu erkennen, wo der 1 Hektar große Garten beginnt und wo er aufhört. Auf den ersten Blick meint man, nur die westliche Seite des Tals zum Haus hin sei Garten, denn hier ist der Rasen gemäht, die Konturen der organisch verlaufenden Pflanzbeete gestochen und Sitzplätze an prägnanten Stellen verteilt. Der Eindruck verstärkt sich, wenn man dem Rasenweg, am Hang entlang seitlich vom Haus, an den zahlreichen Kamelien und Azaleen vorbei, zum ältesten Teil des Gartens folgt. Denn hier wurden sämtliche Zierpflanzen, typisch für cornische Gärten, an den Hang gepflanzt: Magnolien, *Pieris*, *Skimmia*, Zwergkoniferen, niedrig wachsende Rhododendren, *Corylines*, *Phormium* und Hortensien, alles im Frühling unterlegt mit einem Teppich von Narzissen. Von hier aus ist der Bach als silbriges Band zwischen dem dichten Astwerk der Bäume erkennbar, dahinter ein saftiges leuchtendes Grün, unterbrochen durch rostfarbene und olivgrüne Flecken.

Einmal dort unten am Bach angekommen, merkt man, dass die vermeintliche Wildnis ein beispielhafter Schattengarten ist, in dem das, was in der Natur vorkommt, mit Gepflanztem ergänzt wird, um ein sanftes, harmonisches Ganzes zu schaffen.

OBEN: *Der stehende Stein wurde erst vor Kurzem gefunden und hier im Eingangsbereich des Gartens aufgestellt – er wirkt, als ob er schon immer hier gewesen wäre.*
GEGENÜBER OBEN: *Staustufen beleben den Bach, der an mehreren Stellen von einfachen Holzbrücken überquert wird.*
GEGENÜBER UNTEN: *Die antike Metallbank passt in die natürliche Gelassenheit des Schattengartens, wo erlesene Bodendecker wie* Helleborus *und zarte Geophyten genauso selbstverständlich wachsen wie die Baumfarne.*

OBEN: *Der Hunde- und Katzenfriedhof, wo Lady, Smudge, Monty und Kit liegen, oberhalb des Wohnhauses an einer der schönsten Stellen im Garten*
GEGENÜBER OBEN: *Am Südhang ist Platz für Ziergehölze wie Lavendelheide (Pieris), Yucca und darüber hinaus für eine Mischung von Spezies, die nach Belieben von jedem Besitzer von Trewoofe Orchard gepflanzt wurden.*
GEGENÜBER UNTEN: *Im Frühling, bevor das Laub den Blick versperrt, sind beide Seiten des Gartens sichtbar.*

Man findet hier Moos, eines japanischen Gartens würdig, Farne, verwilderte Narzissen von blass bis knallgelb, durchsetzt mit Helleboren. Auch Sitzgelegenheiten wurden aufgestellt, eine alte Metallbank, ein Stuhl, wie ein Thron aus einem Stamm geschnitten, der den Anschein erweckt, in der Vegetation verwurzelt zu sein. Das Gelände ist uneben, die Wege eher wie Trampelpfade, und immer wieder gibt es die Möglichkeit, über eine der insgesamt vier einfachen Brücken den Bach zu überqueren und auch so das Wasser näher zu erleben. Der Bach, der von kleinen Staustufen unterbrochen wird, die Minikaskaden bilden, ist die Lebensader des Gartens.

Romantisch und ursprünglich kommen Garten und Natur hier zusammen – ein Szenario, das man nicht planen, sondern nur unterstützen kann: von den zarten Primeln, ein Favorit von Barbara Waterson, bis zu den leuchtenden Blüten der Kamelien, die sich über dem Wasser drapieren, weiter zu den moosbedeckten Steinen und der Urkraft des Wassers selbst, das sich auf dem Weg zum Meer macht. Nach 15 Jahren steht eine Veränderung an, Trewoofe Orchard steht zum Verkauf, und bis dieses Buch erscheint, werden neue Besitzer am Platz sein, die wie bei allen anderen nur Hüter dieses besonderen Orts sein werden.

Sammeln ist ihre Leidenschaft

Lebende Geschichte – gestern gesammelt und für morgen erhalten

OBEN: *Die Eibenallee, gepflanzt im 19. Jahrhundert, durchquert die schmale Seite des länglichen Gartens.*
GEGENÜBER: *Im großen ummauerten Garten gibt die Phormium-Allee den Ton an, ein Hinweis auf das, was einen im restlichen Garten erwartet.*

Unweit vom Eden Projekt am Rande von St Austell liegt Tregrehan, ein Garten, der in der großartigen Tradition der cornischen Gärten geschaffen wurde. Seit 1565 im Besitz der Carlyons, haben Mitglieder der Familie sich sukzessive über die letzten 130 Jahre hinweg um die Pflanzenwelt gekümmert. Ihre Leistung wird nicht an die große Glocke gehängt noch wird der 10 Hektar große Garten vermarktet, obwohl er zwischen März bis Mai regelmäßig geöffnet wird. Tregrehan zieht jedoch Fachleute an, Dendrologen und Pflanzenliebhaber, die den Garten nicht nur wegen der besonderen Sammlung von Raritäten beeindruckenden Ausmaßes schätzen, sondern aufgrund der wichtigen Rolle, die Tregrehan für den Erhalt und den Schutz von bedrohten Pflanzen spielt.

All dies weiß der Außenstehende nicht. Ich gehöre auch zu den Cornwall-Besuchern, die jahrelang an den Steinsäulen der Einfahrt vorbeigefahren sind, ohne im Geringsten zu ahnen, was ich versäumte. Mit einem weitläufigen, im Landschaftsstil angelegten Park, durch den die Zufahrt in sanften Bögen zum Herrenhaus nach oben führt, das zwischen den frei stehenden Bäumen hervorschimmert, vermittelt die Anlage einen privaten und abgeschiedenen Eindruck. Nur ganz in der Ferne lassen einzelne Silhouetten von schlanken Koniferen erahnen, dass sich hier doch etwas verbirgt. Aber bevor man dort hinkommt, muss man eine Art Schleuse passieren: ein Labyrinth von alten Wirtschaftsbauten, im Grundriss noch vorhanden, aber zum Himmel offen, die einen in den großen ummauerten Garten führen. Während in anderen Gärten dieser Bereich oft verwahrlost ist, ist hier alles gepflegt und aufgeräumt. Statt Reihen von Gemüse, sind die vier Quadrate mit englischem Rasen versehen, unterbrochen durch einzelne Apfelbäume, ein neutrales Vorfeld zum 40 Meter langen Glashaus, erbaut in den 1840er Jahren, als Edward Carlyon zwei Nutzgärten zusammenlegen ließ.

Trotz des mit baumgroßem Neuseeländer Flachs (*Phormium*) gesäumten Wegs ist dieser Bereich nett, aber keinesfalls aufregend. Blickt man aber über die Ziegelsteinmauern zum »Wald«

hinauf merkt man, dass sich außerhalb etwas Besonderes abspielt. Riesige Rhododendren türmen sich hoch, ihre Kronen überlappen und formen wolkenähnliche Gebilde, dahinter befinden sich andere Gestalten, Bäume, die nicht zum gewohnten Landschaftsbild gehören. Hinter dem schmiedeeisernen Tor liegt eine Welt für sich, wo die Bäume und Sträucher nicht nur andere Dimensionen annehmen, sondern wo die Spezies und Arten fremdartiger werden, je tiefer man in den Garten eindringt. Diese »Aladin-Höhle« für Botaniker wurde 1880 von Jovey Carlyon angelegt, aufbauend auf dem Rahmen, den sein Vorfahr Edward geschaffen hatte und der den Eibenweg nach Plänen von dem Architekten William Nesfield pflanzen ließ, wozu er Pflanzen von Veitchs Baumschule erwarb. Als Jovey Carlyon sein Erbe antrat, brachte er zahlreiche Pflanzen aus seinem früheren Wohnort Neuseeland mit. Das Ganze wurde bereichert mit Saatgut, gesammelt während der Expeditionen in anderen Regionen.

Diese Begeisterung und Neugier für die Vielfalt der Pflanzen scheint der Familie im Blut zu liegen. Rupert Carlyon führte ab 1935 bis zu seinem Tod im Zweiten Weltkrieg neue Rhododendren-Züchtungen ein, und seine Tochter Gillian widmete sich in den 1960er Jahren der Kamelien-Züchtung unter Verwendung von den Subspezies *cuspidata, saluenensis* und *japonica*. Seit 1987 steht Tregrehan unter der Obhut von Tom Hudson,

OBEN: Rhododendron edgeworthii
GANZ OBEN: *Die weißen Blüten von* Rhododendron *'Penjerrick Cream' leuchten aus dem Halbschatten des Waldgartens.*
GEGENÜBER OBEN: *Zauberhafte japanische Ahorne rahmen den Blick auf den Brunnen.*
GEGENÜBER UNTEN: *In Tregrehan lohnt es sich, einen Blick nach oben zu werfen wie hier auf* Rhododendron *'May Day'*.

Sammeln ist ihre Leidenschaft

OBEN: *Zarte Blüten der magnolienartigen* Michelia yannanensis *aus China.*
RECHTS: *Im Glashaus, erbaut in den 1840er Jahren von Edward Carlyon, wurden empfindliche Pflanzen, Schätze von Gartenexpeditionen und auch Züchtungen wie* Camellia japonica *'Mrs. D.W. Davis' untergebracht.*

Lebende Geschichte

Lebende Geschichte

einem Nachfahrn, der in Neuseeland groß geworden ist und sich heute nicht nur um die Zukunft von Tregrehan kümmert, sondern auch um bedrohte Vegetationen in empfindlichen Zonen der Welt. Während früher Pflanzenjäger Neuheiten wegen ihres exotischen Werts als Zierde für den Garten nach England eingeführt haben, werden diese Pflanzen heute gezogen, um sie später nach Bedarf wieder zu ihrem natürlichen Standort zu bringen. Dank einer gründlichen Aufzeichnung, wobei Jovey Carlyon alle Namen, Herkunftsort und Standort der Pflanzen im Garten notiert hatte, verfügt man über mehr Informationen über die Spezies in Tregrehan als in anderen Gärten. Auf diese Weise konnte Tom Hudson Rhododendren wieder nach Vietnam exportieren, die die natürlichen Standorte aufstocken.

Tregrehan ist erlebbar auf verschiedenen Ebenen, und sei es nur beim Spaziergang entlang breiter Trampelpfade, die zwischen überhängenden Ästen von Rhododendren, an mächtigen Baumstämmen des alten Pinetum zum in Nord-Süd-Richtung verlaufenden Tal führen. Hell, aber doch beschattet, ist der Hang mit den unterschiedlichsten Bäumen in verschiedenen Wuchsstadien bestückt. Beim Anblick all der Bäume, unter anderem eine 46 Meter hohe Sitka-Fichte *(Picea sitchenis)*, in einer Palette von Grüntönen, jeder für sich einzigartig, aber in der Ballung exzeptionell, hat man das Gefühl, alle Bäume der Welt vor sich zu sehen. Ein Eindruck, der nicht so falsch ist, denn Spezies der nördlichen Halbkugel befinden sich auf dem einen Hang und Pflanzen der südlichen Halbkugel auf dem anderen. Was diesen Garten von anderen absetzt, ist das Gefühl, einen Einblick in etwas Besonderes zu bekommen. Ein Garten, wo das Sammeln nicht nur ein persönlicher Genuss ist, sondern der Zukunft der Pflanzenwelt dient.

OBEN: Podophyllum delavay, *ein markantes Schattengewächs aus China.*
GEGENÜBER: *Die Welt der Bäume: Prachtexemplare von* Sequoiadendron giganteum *wurden mit Jungpflanzen vor allem von der südlichen Halbkugel ergänzt und sichern, dass auch künftige Generationen die Vielfalt von Tregrehan genießen können.*

Das Erbe einer Tante

OBEN: *Eines der zahlreichen Inselbeete, die sich um das mittig liegende Haus gruppieren.*
GEGENÜBER: *Das Motto von Moira Reid, »pack die Beete voll«, zieht sich durch den Garten, wo Ziergehölze, Stauden und Geophyten sich anstrengen, gesehen zu werden und sich oft nur durch ihre Farbe von den anderen Pflanzen absetzen wie dieser fuchsienfarbene Rhododendron amoenum 'Coccinuem'.*

Der erste Eindruck von Moyclare, einem Hausgarten am südlichen Rand von Liskeard, ist der eines überwachsenen Gartens, übervoll mit Pflanzen, seien es Gehölze oder Stauden, als wollten sie das Grundstück erobern. Sie drücken von allen Seiten an das mittig liegende Haus mit nur einer Rasenfläche als Abstandshalter, bevor die Pflanzen aus dem Kies direkt am Haus mit aller Kraft erneut herauswachsen. Aber was für Pflanzen: als ob die kompletten Pflanzenlisten von sämtlichen Gärtnereien hier angepflanzt wurden, eine derartige Vielfalt, dass man sich schwer tut, alles zu identifizieren. Hier hat man wahrlich keinen gewöhnlichen Garten vor sich, sondern eine Fundgrube für Pflanzenliebhaber und eine bleibende Erinnerung an die Leistungen einer bemerkenswerten Frau, Moira Reid, deren Name in Züchtungen wie *Astrantia major* 'Moira Reid' und *Camellia* × *williamsii* 'Moira Reid' verewigt ist.

Die Frage der Zukunft eines bedeutenden und bekannten Gartens nach dem Tod des Besitzers ist eine, die immer wieder aktuell ist und auf die es keine eindeutige Antwort gibt. Bei Moyclare blieb es Mrs. Reids Nichte Elizabeth und ihrem Mann Philip Henslowe überlassen, den Garten, den ihre Tante ab 1927 bis zu ihrem Tod 1993 angelegt hatte, weiterzuführen. Keine leichte Aufgabe. Die Lernaufgabe war enorm, und die ersten Jahre wurden damit verbracht, die Pflanzen und den Garten kennenzulernen. Es war eine Gratwanderung zwischen Erhalten, Pflegen, Sichern und auch im Garten zu wohnen. Der Stellenwert des Gartens zu Moira Reids Zeit war sehr hoch, etwas, was heute, wenn man zwischen den Bäumen und den Inselbeeten wandert, auf den ersten Blick kaum vorstellbar ist. Ja, es sind im Frühjahr eine Vielzahl von Kamelien in unterschiedlichen Farben und Formen von zweifarbigen, gestreiften 'Lavina Maggi' bis zu leuchtendroten 'Lady de Saumarez' und weißen 'Le Lys' wie auch Massen von Rhododendren und *Pieris* vorhanden, aber es herrscht Chaos. Die Koniferen, die die Pflanzung absetzen sollten, sind längst aus dem Zwergstadium herausgewachsen, und die Windschutzpflanzung gleicht einem

OBEN: *Auch am Haus wurde jede mögliche Fläche, ob waagerecht oder senkrecht, bepflanzt, sodass kaum Platz für eine Terrasse bleibt.*
GANZ OBEN: *Die Randbepflanzung, früher als Windschutz gedacht, hat sich zu einem Wald entwickelt, gefüllt mit Raritäten und hauseigenen Züchtungen im Unterholz, die darauf warten, vom Besucher entdeckt zu werden.*

Wald. Durch diese Fülle erscheint der Garten gedrängt, aber auch größer zu sein. Mrs. Reid wollte auf keinen Fall nackte Erde sehen und äußerte sich zu diesem Thema in der Zeitschrift der Cornish Garden Society unter der Überschrift »Packe die Pflanzen ein«. Damit meinte sie nicht nur Gehölze, sondern auch Stauden und Geophyten, die heute teilweise verwildern und Elizabeth Henslowe zum Verhängnis geworden sind.

Als Moira Reid 1926 aus Irland flüchtete und mit einem Pkw, vollgestopft mit Pflanzen, hierher zog, wollte sie ein Stück Heimat mitbringen und hat dabei einige Pflanzen wie *Griselinia* 'Bantry Bay' erstmals nach England eingeführt. Bereits 1936 wurde der Garten auf die jetzigen 4000 Quadratmeter erweitert. Die Luftaufnahmen in der Teehütte zeigen ein offenes Grundstück, unterteilt in organisch verlaufende Beete entlang der Grenze und einer noch niedrigen Windschutzpflanzung.

Eine bestimmende und tatkräftige Frau, wurde Moria Reid schnell zur führenden Figur in der Gartenszene Cornwalls. Ihr Stand auf Pflanzenbörsen war genauso vollgepackt mit Pflanzen wie die Beete in ihrem Garten. Ihre Gartenanlage, vor allem aber ihre Züchtungen gewannen an Renommee. Im Gegensatz zu den üblichen cornischen Gärten, deren Höhepunkte im Frühling lagen, war Moyclare ein Garten für das ganze Jahr, wo alles, Blüte, Laub und Gestalt der Pflanzen, eine Rolle spielte. Mrs. Reid war mit Margery Fish befreundet, einer ebenso lei-

denschaftlichen Gärtnerin, die in ihrem Garten East Lambrook Manor in Somerset den Cottage-Garten-Stil aufleben ließ. Sie tauschten sowohl Briefe wie Pflanzen aus und Mrs. Fish war öfters in Moyclare zu Besuch, wo sie die neuesten Züchtungen wie *Cytisus* 'Moyclare Pink' begutachten konnte. Heute werden Moria Reids Züchtungen von den Duchy of Cornwall Nurseries weiter gezüchtet, und es ist diese Rolle als Pflanzkammer und Fundgrube der Pflanzenwelt, die Moyclare von anderen Gärten absetzt.

Das natürliche Erscheinungsbild just an der Grenze zur Verwilderung ist Absicht, denn den Eindruck von steril-ordentlich möchte Mrs. Henslowe auf jeden Fall vermeiden. Informationstafeln für jedes Beet wurden aufgestellt, die einen Einblick in die Geschichte und Vielfalt des Gartens geben. Aber mit jedem Jahr wird ein Stück Garten mehr vom Bewuchs verschlungen, und die Bereiche, wo Moira Reids Geist noch spürbar ist, schwinden. Seitlich von der Terrasse zur Straße hin ist aber eine Ecke im Halbschatten, gekennzeichnet durch eine irische Eibe, wo die differenzierte, kleingliedrige, aber doch wirkungsvolle Pflanzung noch sichtbar ist. Früher einer der bekanntesten Gärten von Cornwall, ist Moyclare heute als Mitläufer eingestuft. Als Vorreiter einer Generation von Gärten, die die Sammelleidenschaft im Hausgarten eingeführt hat, verdient dieser Garten ein besseres Schicksal.

OBEN: *Der Gemüsegarten auf der Rückseite des Wohnhauses wirkt wie eine Lichtung im Wald.*
GANZ OBEN: *Neben der Teehütte und im Schatten von* Rhododendron augustinii *'Electra' stehen wie zu Mrs. Reids Zeiten auch heute Pflanzen zum Verkauf.*

Das Erbe einer Tante

OBEN: *Auch wenn die Ziergehölze sich vordrängen, ist immer noch Platz für Bodendecker und Farne wie* Adiantum venustum *und* Stylophorum lasiocarpus.

OBEN RECHTS: *Schmale Wege ziehen sich durch den Garten und lassen die Anlage größer erscheinen, als sie ist.*

RECHTS: *Die zarte, einfache Blüte von* Camellia 'Moira Reid'

GEGENÜBER: *In den 70er und 80er Jahren gehörte Moyclare wegen der abwechslungsreichen Pflanzung zu den meist gefilmten Gärten. Hier* Clematis montana 'Elizabeth', Pittosporum 'Garnettii' *und* Rhododendron 'Hinomayo'.

Clematis in Chacewater

OBEN: Clematis 'Poldice', eine von Charlie Pridmans zahlreichen Züchtungen.
GEGENÜBER: *Ein Meer von Jungfer im Grünen* (Nigella damascena) *vor Rosa* 'Smarty'.

Chacewater bei Truro war bis ins 19. Jahrhundert ein wichtiger Stützpunkt der Industrie. Kutschen und Pferdewagen, beladen mit Menschen und Erz, bildeten kilometerlange Schlangen, um die engen Straßen zu passieren. Zeltlager wurden errichtet, um die wachsende Bevölkerung zu beherbergen. Rauch, Lärm und Gestank füllten die Luft. All dies ist heute kaum vorstellbar. Trotz dieser Verwandlung ist das Dorf eher bodenständig als romantisch. Besucher gibt es wenige, nur Autofahrer, die Chacewater als Abkürzung nutzen, um die Verkehrsstaus in Truro zu umfahren, und Clematis-Liebhaber, die eigens wegen Charlie und Liz Pridhams Gärtnerei und Garten Roseland House anreisen. Von einem bescheidenen Anfang 1983 hat sich die Gärtnerei zu einem der führenden Züchter von Clematis entwickelt und besitzt darüber hinaus eine umfangreiche Sammlung von Kletter- und Schlingpflanzen.

Von außen gibt es keine Anzeichen, dass sich auf dem mit Bretterzäunen und Hecken umgebenen Eckgrundstück etwas Sehenswertes verbirgt. Ich bin jahrelang daran vorbeigefahren und erst auf einer Pflanzenbörse auf Charlie Pridhams Angebot an strammstehenden, gesunden Kletterpflanzen – *Lonicera*, *Passiflora*, aber vor allem Clematis in wunderbaren Schattierungen und Blütengrößen – aufmerksam geworden. Eine ungewöhnliche Beschäftigung für einen Mann, der früher bei der Handelsmarine war und immer noch die ruhige, verschlossene Schüchternheit eines Seemanns besitzt. Die Gärtnerei hinter dem Wohnhaus, in einer Ansammlung von Folien- und Glashäusern untergebracht, ist Zeugnis nicht nur seines Könnens, sondern auch dem seiner Frau Liz. Während hier die Reihen von Kletter- und Schlingpflanzen systematisch nach Alter sortiert und die Bambusstützstäbe jeweils oben mit einem augenschützenden Weinkorken versehen sind, herrscht im Garten ein lockeres, natürliches, beinahe chaotisches Ambiente. Bei einer Größe von etwa 4000 Quadratmetern und davon etwa die Hälfte von der Gärtnerei belegt, bleibt nicht viel Platz für den Garten übrig. So wurde jede senkrechte Fläche oder stützendes Element, sei

es gebaut oder gepflanzt, als Kletterhilfe für die umfangreiche Sammlung betrachtet.

Eine Holzpergola, beladen mit Kletterrosen, führt zum Wohnhaus, das früher Teil der Ländereien von Tregothnan war, und vom Zeche-»Kapitän«, dem Aufseher, bewohnt wurde. In den 1830er-Jahren auf einer Anhöhe erbaut, konnte er von dort alles sehen, was sich unten in Chacewater abspielte. Heute ist der Blick durch die zahlreichen Sträucher und Kleinbäume, umschlungen von Kletter- und Schlingpflanzen, gefiltert. Nicht nur Clematis, sondern auch ungewöhnliche Pflanzen, wie die einer Trompete ähnelnden blühenden *Cobaea pringlei* aus Mexiko, *Passiflora*, zahlreiche sommer- und wintergrüne *Lonicera*, Kletter- und Ramblerrosen und die zarte, glockenähnlich blühende *Lapageria*, ursprünglich aus Chile stammend, gedeihen hier. Im Unterschied zu anderen vom Klima begünstigten Gebieten von Cornwall stößt man jedoch hier, wie Charlie Pridham erklärte, an die Grenze des Machbaren und muss sich bestmöglichst behelfen. Daher wurden Mauern im Garten, insbesondere im unteren Teil, parallel zur Hauptstraße gezogen, die eine Art Klettergang für die Pflanzen, vor allem für seine Sammlung von *Lapageria-rosea*-Züchtungen bilden. Besonders empfindliche Pflanzen wie die scharlachrote, trompetenförmig blühende *Mandevilla* aus Südamerika sind zusammen mit zahlreichen anderen Kletterpflanzen, die die weißen Wände fast komplett bedecken, im viktorianischen Wintergarten untergebracht.

Die Bodenverhältnisse sind auch nicht ideal, was nicht überrascht, wenn man weiß, was hier in der Gegend abgebaut wurde. Die Eisen- und Arsenschichten liegen zu hoch für tief wurzelnde Pflanzen, so haben die Pridhams in Bezug auf Gehölze nur beschränkte Möglichkeiten. Sieht man aber die Üppigkeit des Bewuchses, ist dies kaum zu glauben. Der auf den ersten Blick scheinbar beiläufige Aufbau des Gartens täuscht, hier herrscht ein System des Überlappens und Stützens. Beispielsweise fungiert ein Bauernjasmin *(Philadelphus)* als Stütze für vier Clematis und zwei Rosen. Die Blütenfolge ist wie ein gutes Musikstück harmonisch komponiert; zuerst der Bauernjasmin, dann die Rosen 'Ferdy' und 'May Queen' und dann die Clematis, unter anderem 'Crimson Queen'. Mai bis August ist die Zeit für den Garten, wo die nationale Sammlung von *Lapageria rosea* wie auch *Clematis-viticella*-Kultivaren, unter anderem eigene Züchtungen wie 'Chacewater' und 'Poldice', in voller Pracht stehen. Wichtig ist aber die Verbindung zwischen dem Endprodukt im Garten und dem Werdegang der Pflanzen. In einem kleinen Glashaus, das wie ein Minilabor ausschaut, findet die minutiöse Arbeit der Züchtung statt, ein langwieriger Prozess, der Geduld sowie eine sichere Hand verlangt und wo man genauso wie über diesen Ort überrascht ist, was dabei herauskommt.

OBEN: Clematis 'Lambton Park'.
GANZ OBEN: Philadelphus madrensis.
GEGENÜBER OBEN: *Das Wohnhaus mit der Holzpergola davor, berankt mit zahlreichen Kletter- und Schlingpflanzen, unter anderem Rosen und Heckenkirschen.*
GEGENÜBER UNTEN: *Aufgrund der bedachten Farbkomposition ist trotz aller Üppigkeit die Pflanzung harmonisch und ausgewogen; hier* Rosa 'Bonica' *mit Lilien und* Clematis *in Hintergrund.*

Ein Garten voller Pflanzenschätze

OBEN: *Der seitliche Bachgarten mit flächendeckender panaschierter Pestwurz.*
GEGENÜBER: *Dorothy Pellings Leidenschaft für Pflanzenvielfalt wird deutlich in ihrem Garten, wo jede Pflanze interessant ist und gleichzeitig in der Gemeinschaft wirkt.*

Im Gegensatz zu seinem Namen ist der Garten von »Taranaki« alles andere als riesig und dominant. Schmal, von der Straße steil abfallend, besteht der etwa 50 Meter lange Garten aus einer 15 Meter breiten Terrasse, einer Böschung zur Straße wie auch zum Bach und einem Wiesenstreifen auf der anderen Seite des Bachs. Wer entlang der einzigen Straße, die durch das Fischerdorf von Porthallow auf der Halbinsel Lizard in Richtung Strand spaziert, bekommt einen guten Einblick in den Garten. Auf diese Weise sind wir auf diesen Garten aufmerksam geworden. Angezogen von der interessanten Mischung aus ungewöhnlichen Bäumen und Sträuchern, den Narzissen und Helleboren, die wie Glühwürmchen zwischen Laub und Astwerk durchschimmerten, und dem Gefühl, doch etwas Besonderes vorzufinden, baten wir um die Erlaubnis, den Garten aus der Nähe zu betrachten. Die Bepflanzung beidseits der steilen Stufen bestimmte den Klang, der sich durch den Garten zog. Kleingliedrig, minutiös und erlesen, jeder Quadratzentimeter des Gartens durchdacht, war es offensichtlich, dass hier eine leidenschaftliche Pflanzensammlerin am Werk ist. Als Dorothy Pelling 1988 hierher zog, war außer *Pittosporum* und Bastardzypresse *Cuprocyparis leylandii*, die als Windschutz gepflanzt worden waren, kaum etwas im Garten. Trotz der Nähe zum Meer ist der Garten dank der Stützmauer zur Straße und der Lage des Wohnhauses, das Salzwinde vom Meer abhält, gut geschützt. Dies schafft die Grundbedingungen für einen besonderen Garten. Unter dem Motto, »eine Pflanze muss interessant sein«, begab sich Dorothy Pelling auf die Suche in Gärtnereien, auf Pflanzenbörsen und Ausstellungen. Von Raritäten angezogen, kann sie Neuheiten kaum widerstehen. Dass alles in ihrem Garten Platz hat und noch dazu so glücklich wächst und gedeiht, spricht für ihre gärtnerischen Fähigkeiten. Was besticht, ist die Vielfalt der Spezies, die trotz unterschiedlicher Farbtöne, Texturen und Gestalten sich zusammenfügen, aber dennoch einzeln wirken.

Vom steilen Treppenlauf, der im rechten Winkel auf die Terrasse führt, bis zur Pergola, die im Winter, drapiert mit

OBEN: Ozothamnus rosmarinifolius, *auch Kerosenstrauch genannt, ist bedingt frosthart und gedeiht in diesem Garten in Küstennähe.*
GANZ OBEN: *Der Garten im Frühling. Durch die gekonnte Wegeführung scheint er sich in die Ferne zu strecken.*

Folie, als Winterquartier für empfindliche Pflanzen genutzt wird, ist die Anzahl von Pflanzen erstaunlich. Im Sommer mit Blick zum Laubengang am anderen Ende des Gartens, dient die Pergola ihrem eigentlichen Zweck als Sitzplatz. Dann werden die Pflanzen, unter anderem eine kostbare Wollemie (*Wollemia nobilis*), um das Haus und im restlichen Garten verteilt. Was einen anzieht, ist die Behandlung der schmalen Gartenstreifen und die Bestückung der Beete. Auf etwa zwei Drittel der Terrassenbreite verläuft ein schmaler, schlendernder Kiesweg, der das Auge lenkt und die wahren Proportionen verzerrt. Der Garten erscheint sowohl länger als auch breiter zu sein. Anstelle einer sauberen, ordentlichen Einfassung dürfen sich kleinwüchsige Stauden wie Wolfsmilch (*Euphorbia characias* und *E. cyparissias* 'Fens Ruby'), *Brunnera* und Geranien zwischen den Einfassungen aus Bruchsteinen einnisten. Eine schmale Rasenfläche beidseits des Wegs scheint das linke Beet in Zaum zu halten, während sie einen neutralen Teppich für die exzeptionellen Gehölze zur Rechten bildet. Wer würde eine Steineiche (*Podocarpus*), japanische Schirmtanne (*Sciadopitys verticillata*) und Montezuma-Kiefer (*Pinus montezumae*) hintereinander stellen? Diese Staffelung von Grüntönen und Formen mit der Kiefer als flauschigen Abschluss ist überraschend und gewagt und besitzt eine eigene Schönheit.

Staffelung und Schichten sind die Leitthemen des Gartens, dadurch ist man gezwungen, langsam zu gehen, sich zu bücken,

und wie bei einer Schatzsuche wird man belohnt: Mit einem tellimaähnlichen zierlichen Bodendecker *Peltoboykinia tellimoide* mit zarten orange-gelben Blüten, oder einem wunderschönen gefüllten weißen *Helleborus* 'David's Star', die vor den Elfenblumen hervorstechen. Auch bei den Gehölzen gibt es Überraschungen wie den riesigen ahornblättrigen *Kalopanax septemlobus* am Ende des Gartens, *Fatsia japonica* und natürlich einen Baumfarn *(Dicksonia antarctica)*. Jedes Gehölz wirkt für sich, aber auch in der Gesamtkomposition.

Eine kleine Brücke führt über den Bach zu dem naturnahen Bereich. Auch hier sind Höhepunkte arrangiert: die Kleinform vom Mammutblatt *(Gunnera perpensa)*, eine panaschierte Form von *Petasites* und Ingwerlilien, die sich ausgebreitet haben, wie auch *Narzissus* 'Casarta', die sich in der Wiese verwildert hat. Die Lieblingspflanzen Wolfsmilch und Salvien werden Jahr für Jahr mit neuen Errungenschaften ergänzt, und es ist ein Wunder, dass alles irgendwie untergebracht wird und auch in der Gesamtkomposition wirkt. In früheren Jahren war »Taranaki« im »gelben Buch« aufgeführt, aber wird nicht mehr als vorzeigewürdig gehalten: Es heißt, es gäbe nicht ausreichend zu sehen und 45 Minuten könnte man dort nicht verbringen. Unvorstellbar, aber vielleicht ist es gut so, denn so bleibt der Garten den wahren Pflanzenliebhabern vorbehalten, die gern auf Schatzsuche gehen.

OBEN: Lonicera tatarica *'Hack's Red'*.
GANZ OBEN UND SEITE 108/109: *Der Garten im Sommer. Was besticht, sind die saftigen, vielseitigen Grüntöne und die Auswahl an Ziergehölzen, vor allem auf der rechten Seite des Wegs: von vorne nach hinten: Steineiche* (Podocarpus), *japanische Schirmtanne* (Sciadopitys verticillata) *und* Pinus montezumae.

OBEN: *Hinter den Steinsäulen steht eine kostbare Wollemi-Kiefer.*
OBEN RECHTS: *Die Möwen erinnern daran, wie nahe der Strand und das Meer sind.*
GANZ OBEN: *Ein* Kalopanax pictus *und Weinrebe (*Vitis coignetiae*) rahmen den Blick auf die üppige Vegetation.*

GEGENÜBER: *Der Garten ist eine Welt für sich, getrennt vom Wohnhaus, das man nur gelegentlich zwischen dem Grün erspäht.*

Gärten an der Küste

Gegen Wind und Wasser

OBEN: Camellia × williamsii *'Rosemary Williams'*, Rhododendron luteum *und Monterey-Kiefern säumen den Weg entlang der oberen Terrasse.*
GEGENÜBER: *Die Umgebung erinnert daran, was in diesem Garten geleistet wurde, wo heute eine kluge Auswahl an Pflanzen für Farbe und Abwechslung sorgt.*

Wenn olympische Medaillen für Gärtner verteilt würden, wären Robert und Carole Moule würdige Träger. Sie haben Schwierigkeiten überwunden, Ausdauer und Kondition gezeigt und eine Meisterleistung vollbracht, nämlich einen Garten aus einem Steilhang herausgeschnitten. Und was für einen Garten: so üppig und aufregend, dass er völlig im Kontrast zur Umgebung steht und den vorherrschenden Regeln vom Gärtnern widerspricht; wo Ziergehölze und das Exotische mit dem Natürlichen sich auf einmalige Art zusammenfügen und dennoch ganz in der Tradition der großartigen Gärten Cornwalls bleiben. Aber während beispielhafte Vorbilder in Tälern, zurückgesetzt und geschützt vom wilden Meer und den donnernden Wellen liegen, sitzt Chygurno wie ein Adlernest oberhalb des Tals. Der Ausblick ist atemberaubend, aber auch ein ständiger Hinweis auf die Kräfte, die dauernd am Werk sind, und wie dieser Hang ausschauen würde, wenn die Moules nicht eingegriffen hätten. Gegenüber, auf der anderen Hangseite, sind die Narben der industriellen Vergangenheit dieser Gegend sichtbar. Eine karge, triste Landschaft, verursacht durch jahrzehntelangen Steinabbau, längst aufgegeben und verlassen, die Steinbrocken willkürlich verteilt, als wären sie von einem Riesen in die Luft geworfen, ein Bild, das Welten entfernt ist von den freundlichen Abbildungen in den Urlaubsbroschüren.

Wie findet man einen Platz wie diesen? In der Regel wird die Suche nach einer Immobilie gesteuert vom Aussehen des Gebäudes. Für Robert Moule waren der Boden und der Wunsch nach einem Ort, wo er Rhododendren und andere säureliebende Pflanzen anpflanzen konnte, maßgebend. Beginnend in der Grafschaft von Devon, weitete er seine Suche auf Cornwall aus und entdeckte Chygurno, ein Arts-and-Crafts-Haus, erbaut 1908 südwestlich von Penzance für zwei Frauenrechtlerinnen, Miss Bertram und Miss Scott-Booth. Jegliche Spur eines Gartens war längst verschwunden, als die Moules 1999 ankamen. Seit über 20 Jahren verlassen, standen nur einzelne Solitär-Monterey-Kiefern wie Wächter auf dem Grundstück, alles andere war von

OBEN: *Robert Moules Leidenschaft für Rhododendren hat ihn nach Cornwall gebracht. Hier eine der vielen Stellen, wo vor allem die Azaleen brillieren können.*
GANZ OBEN: *Auf dem Steilhang, geschützt vor dem Wind vom Wald können sich die Magnolien und Rhododendren wie 'Cosmopolitan' prachtvoll entfalten.*

der Natur verschlungen. Die Räumungsarbeiten waren enorm. Erfindungsgabe war gefragt, wie auch ein Talent für Bergsteigen und Kraft, da der Einsatz von Maschinen unmöglich war und alles per Hand die Hänge hinauf- und hinabgeschleppt werden musste. Mit einem groben Plan im Kopf begannen die Suche nach und die Ausführung von Wegen, die sich »passend« anfühlten. Von ihrem Instinkt geleitet, wurden alte, gerade verlaufende Wege auf den oberen Terrassen freigelegt, die in schmalen, abgetretenen Stufen endeten, die zur nächsten Ebene führten. Weiter, den Hang hinab, legten die Moules schmale Kieswege an, die sich wie Bergpfade an die Konturen schmiegten, um und manchmal auch über die Granitbrocken.

Diese Wege wurden mittels Treppenfluchten aus gespaltenem Esskastanienholz oder mit den schmalsten, natürlich ausschauenden Steinstufen, die sich zwischen den Granitfelsen einfügten, miteinander verbunden. Auf der Grundlage dieses Wegenetzes und der natürlichen Hindernisse »ergaben sich«, wie Robert und Carole es ausdrückten, Lage und Ausmaß der Pflanzbeete. Obwohl die Pflanzen eigens wegen ihrer Fähigkeit, an diesem Standort zu überleben, ausgesucht wurden, sind Robert und Carole immer noch in der Lernphase, experimentieren und sind bereit, Sträucher, die entweder unglücklich verkümmern oder zu groß geworden sind, umzupflanzen, bis der richtige Platz gefunden ist.

Ihre anfängliche Begeisterung für Rhododendren hat sich erweitert und umfasst auch andere Spezies wie Magnolien, Kamelien und Pflanzen aus der südlichen Halbkugel. Das Ehepaar hat die Erfahrung gemacht, dass es besser ist, Pflanzen aus der unmittelbaren Umgebung zu besorgen, und behält immer einige Sämlinge, um zu sehen, ob etwas Besonderes dabei ist. So haben sie eine zarte, blass pinkfarbene Kamelie entdeckt, die nunmehr den offiziellen Namen des örtlichen Dorfs 'Lamorna' trägt und ab Herbst 2012 auf dem Markt angeboten wird.

Die Bandbreite und Vielfalt der Pflanzen ist faszinierend, aber dies ist kein botanischer Garten, sondern ein sehr persönlicher Garten mit Überraschungen hinter jeder Kurve, wie »die Baumfarne im Wert von einem Skiurlaub«, gepflanzt 2006, die sich so zu Hause fühlen, dass sie sich an den sonderbarsten, aber wunderbarsten Stellen ausgesät haben. Farbtupfer von einer erstaunlich tiefen Intensität, die nur in dem besonderen Licht, das in Cornwall vorkommt, gedeihen, sind überall und fast zu jeder Jahreszeit zu finden.

Abgesetzt durch die reiche Palette von Grüntönen des Vorder- und Hintergrunds wird die Wirkung noch gesteigert: wie das frische Grün der austreibenden Montbretienblätter zu dem starken Rot, Pink und Lila der Rhododendren und Azaleen wirkt oder das leuchtende Weiß der Kamelien wie 'White Snow', die später im Jahr selbst als Hintergrund zum Verkehrsampelrot des

OBEN: Amomyrtus luma *syn.* Myrtus lechleriana.
GANZ OBEN: *Schmale Wege folgen den Konturen und führen am Baumfarnwald vorbei.*

Gegen Wind und Wasser

chilenischen *Embothrium* und den zarten exotischen Blüten von *Grevillea barklyana* dienen.

Viele der frostempfindlichen Pflanzen, wie die *Aeonium* auf der oberen Terrasse, würden in anderen Regionen von England überhaupt nicht im Freiland gedeihen. Aber auch in Cornwall ändert sich das Klima. Robert führt Buch und hat eine beachtliche Entwicklung über die letzten drei Jahre bemerkt. Der Winter war nicht nur kälter bis – 8 °C, aber noch bedeutender und von großer Sorge für den Garten ist, dass sich die Windrichtung veränderte. Der vorherrschende Wind kommt nach wie vor aus dem Südwesten, aber Wind aus dem Nordosten ist zunehmend spürbar und bringt einen Kältefaktor mit sich, der viele der nicht frostharten Spezies wie *Protea* vernichtet hat. Nachdem diese Pflanzen zum zweiten Mal ersetzt wurden und erneut den Winter nicht überlebten, war ein Umdenken nötig. Jetzt werden sogar die *Aeonium* in Töpfe gesetzt und überwintern im Glashaus. Diese Fähigkeit, auf Veränderungen zu reagieren und dennoch die Grenzen des Möglichen zu testen, liegt im Herzen dieses 1,2 Hektar großen sensationellen Gartens.

OBEN: *Insel-Chatham-Vergissmeinnicht* (Myosotidium hortensia).
OBEN LINKS: *Chilenischer Flammenbusch* (Embothrium coccineum).
GANZ OBEN: *Telopea speciosissima, ein Protea-Gewächs aus Australien.*
GEGENÜBER OBEN: *Die Baumfarne (Dicksonia antarctica) fühlen sich so wohl, dass sie sich inzwischen von selbst vermehren.*
GEGENÜBER UNTEN: *Hinter jeder Ecke gibt es etwas Neues und Spannendes zu sehen. Auch wenn die Rhododendren in der Ferne einen locken, schnell am Bambusstand vorbeizueilen, könnten sich doch Raritäten im Schatten verstecken – Grund genug, etwas langsamer zu gehen.*

Paradies an der Küste

OBEN: *Mit der Kombination von üppigem, exotischem Grün, dem blauen Meer im Hintergrund und den Skulpturen könnte man meinen, man wäre am Mittelmeer.*
GEGENÜBER: *Ein postkartenwürdiger Blick, gerahmt von einer* Acacia *und Palmen auf St Antony's Head.*

Würde der Garten von Lamorran House an einer anderen Stelle von Cornwall liegen statt abgelegen in St Mawes auf der Halbinsel Roseland, wäre er sicherlich von Besuchern überlaufen. Einfacher mit der Fähre von Falmouth zu erreichen als auf dem Landweg, kennen zwar viele den etwa 1 Hektar großen Hanggarten vom Namen her, aber die wenigsten schaffen es bis zum Garten selbst. Als Robert und Maria Antonietta Dudley-Cooke 1982 aus Surrey mit einem Möbelwagen, voll beladen mit ihrem Haushalt und zwei weiteren, beladen mit Pflanzen, hierherzogen, war das Fischerdorf ein schläfriges Nest. Heute ist St Mawes eine der begehrtesten Adressen Cornwalls und oft in Rosamunde-Pilcher-Filmen zu sehen. Geschützt vom Ärmelkanal durch die vorliegende Landspitze von St Antonys Head, sind die Gewässer stiller und die Temperaturen milder als in der Umgebung. Kein Wunder, dass sich Robert Dudley-Cooke, der einige Anwesen angeschaut hatte (unter anderem Trebah, wo er jetzt Vorstandsvorsitzender der Stiftung ist), für Lamorran entschieden hat. Hier auf dem Südhang, mit kaum einer Spur von einem Garten, war es möglich, seine eigenen Ideen zu verwirklichen und eine Umgebung zu schaffen, in der sich seine italienische Frau zu Hause fühlen konnte.

Seine Eltern behaupten, er sei bereits als Fünfjähriger auf die Welt gekommen, denn als Kind besaß er schon eine ungewöhnliche Reife und zeigte unter anderem eine Faszination für Pflanzen, vor allem für Rhododendren. Im Alter von 16 Jahren wurde er Mitglied der Royal Horticultural Society; in den folgenden Jahren trat er dem Ausschuss bei, der auf immergrüne Azaleen spezialisiert war, legte seine Sammlung an und schrieb Artikel. All das parallel zum Studium und der Karriere. Der erfolgreiche Londoner Anwalt sammelt Ideen wie andere Souvenirs im Urlaub und setzt sie in seinem Garten um. So ziehen sich zwei Linien durch den Garten: zum einen der japanische Einfluss, besonders prägnant im oberen Teil des Gartens um den Teich, der als Erstes angelegt wurde, und zum anderen die Wegeführung. Schmal, aber absolut in Proportion mit dem

OBEN: *Während die Wege labyrinthartig verlaufen, führen die Natursteinstufen immer zu etwas Besonderem, sei es eine Holzbank wie hier, eine Figur oder ein Ausblick.*
GANZ OBEN: *Ein beachtliches Sortiment an Palmen und Baumfarnen schmückt die Kaskade und das Wasserbecken.*

Maßstab und Ambiente eines Privatgartens, ziehen sich helle Kieswege durch den üppigen und dichten Bewuchs, folgen den Konturen und führen im Zickzack auf besondere Höhepunkte zu. Sauber gerecht wie in einem Zen-Garten und ab und zu mit zierlichen Alpenveilchen gesäumt, bilden die Wege eine neutrale Fläche, die die Leuchtkraft der Vegetation noch mehr betont. Der zweite Einfluss stammt aus dem Mittelmeerraum, vor allem aus Italien und den Borromäischen Inseln, Isola Madre und Isola Bella. Wie dort, so sind auch in Lamorran Aussichtspunkte an besonderen Stellen angebracht, markiert durch Architektur – mal durch eine filigrane Laube, mal durch eine Sitzbank. Der neueste Teil ist eine Ruine, von deren Fensteröffnungen sich die Aussicht über die Mündung des Fals nach Falmouth ausbreitet. In einem anderen Teil des Gartens scheint eine Treppenflucht direkt zum Meer zu führen, das hinter den Bäumen und Sträuchern hervorschimmert. So wird die Umgebung in den Garten geholt, um traumhafte Szenarien zu schaffen.

Von außen ist weder von der Castle Road noch von der Bucht aus vom Innenleben des Gartens etwas zu sehen. Vom Meer aus sticht das bewaldete, rechteckige Grundstück auf einem Hang hervor, der ansonsten bebaut ist, die Zugehörigkeit ist jedoch unklar, da das Haus völlig von der Vegetation verschluckt ist. Dieser Wald ist wichtig, denn auch wenn die vorgelagerte Landzunge einiges an Wetterunbill abhält, ist ein interner Schutz

vonnöten, als Windfilter, als Schattenspender und auch, um Luftfeuchtigkeit aufzufangen. Gerade für Robert Dudley-Cooks Lieblingspflanzen, die immergrünen Azaleen, insbesondere die Satsuki-Arten, die in der Regel als Außen-Bonsai gehalten werden, ist Halbschatten und feuchter Boden für das flache Wurzelwerk wichtig. Aber auch andere Pflanzen profitieren von diesem bedachten Aufbau und der Staffelung der Vegetation, wo Bäume wie *Acacia dealbata* mit ihren leicht duftenden schwefelgelben Blüten einen Höhepunkt bilden und lichten Schatten spenden. Auch die Baumfarne – unter anderem *Cyathea* und Hanfpalmen wie *Trachycarpus fortunei, Chamaerops humilis* und Fliederpalme *(Butia capitata)*, um nur drei der 35 Spezies im Garten zu nennen – fügen sich auf selbstverständliche Weise in das Geflecht ein: eine spannende Mischung von Pflanzen aus der südlichen Halbkugel, hier nach Cornwall verpflanzt.

Das Exotische wird weiter betont durch den kleinen Sukkulentenhang, der als Lichtung im Garten angelegt ist, unter anderem mit Aeonien und Agaven, und auch durch die kleinen Bäche, Tümpel und Becken, die einen immer wieder überraschen. Im Mai ist die Blüte am beeindruckendsten mit einem unglaublichen Feuerwerk an Farben. Aber auch zu anderen Zeiten herrscht eine ruhige, intime Schönheit, einzelne Pflanzen schimmern wie Perlen hervor, betont durch die Gesamtkomposition.

OBEN UND GANZ OBEN: *Flavias Becken, gesehen aus zwei Perspektiven. Erst am Becken selber merkt man das feingliedrige Pampasgras, ein Anzeichen, wie mild das Klima in diesem windgeschützten Garten ist.*

Gärten an der Küste

OBEN: *Der Garten lebt auch von den intimen Bereichen, wo die Grünschattierungen und Blattstrukturen ein wunderschönes Ambiente erzeugen.*
RECHTS: *Hier mit dem Blick auf Carrick Roads und Falmouth im Hintergrund, merkt man, wie exponiert dieser Garten und wie wichtig die Strukturpflanzung ist, um die mit Salz beladenen Winde zu filtern.*

OBEN: *Dieser Garten ist ein Vorbild, wie man Ausblicke gestaltet. Nicht nur der Aussichtspunkt, sondern auch der Ausschnitt und das Bauwerk, wie hier bei der Cupola, wurden mit Bedacht gewählt.*
LINKS: *Der Mittelmeergarten im Innenhof neben dem Haus.*
GEGENÜBER: *Der japanische Einfluss ist am Koi-Karpfenteich im oberen Teil des Gartens besonders spürbar. Hier ist jedes Detail stimmig und der Pflegezustand exzeptionell.*

Südländische Flora vor der Haustür

OBEN: *Eines des markanten Symbole von Cornwall, die Insel von St Michael's Mount.*
GEGENÜBER UND SEITE 152/153: *Die Ostterrassen unterhalb des mächtigen Bauwerks, wo schmale Rasenflächen die Pflanzbeete gliedern, sind ein unerwarteter dramatischer Höhepunkt für viele Gartenbesucher. Bestückt mit Spezies aus Südafrika, Mexiko, den Kanaren und anderen fernen Ländern fühlt man sich nach Übersee versetzt.*
SEITE 134/135: *Leuchtend orangefarbene* Leonotis leonurus *aus Südafrika wachsen wie wild auf der Böschung und rahmen den Blick auf den Brunnen und das Meer.*

Obwohl St Michael's Mount zu den Wahrzeichen von Cornwall gehört, ist es den wenigsten bekannt, dass sich hier ein außergewöhnlicher Garten verbirgt. Sowohl vom Mikroklima her als auch wegen mancher Raritäten, vor allem der Sukkulenten, ist er vergleichbar mit dem von Tresco Abbey auf den Scilly-Inseln. 2 Hektar Hangfläche sind nicht jedermanns Vorstellung von einer idealen Lage für einen Garten, aber hier auf der Insel wurde das Optimale daraus gemacht. Wo der Mensch nicht hinkommen konnte, hat die Natur geholfen. So ist der Garten eine harmonische Mischung aus Zufälligem und Geplantem, wo Pflanzen an den unmöglichsten Stellen gedeihen. Darum ist es nicht verwunderlich, dass alle drei Gärtner begabte Kletterer und Meister im Gärtnern in der Höhe sind.

Eine Kombination von eingeschränkten Öffnungszeiten, einem Eingangsbereich, der bisher leicht zu übersehen war, und gesonderten Eintrittsgebühren führten dazu, dass dieser exotische Hanggarten an der Südflanke der Insel bisher ein Insider-Tipp war. Noch dazu ist dieser Garten nur aus der Draufsicht von den südlichen Räumen des Bauwerks aus einsehbar, denn was der Besucher auf dem Weg zur Insel sieht und für einen Garten hält, ist die grüne und bewaldete Nordseite, wie sie in den üblichen Gärten in Cornwall vorkommt. Nach den Plänen der Schlossherrin Mary St Aubin soll sich dieses Schattendasein des Gartens ändern. Die Öffnungszeiten wurden bereits verlängert, der Zugang neu gestaltet und der Garten aufgefrischt. Während das Erstere begrüßt wird, wird das Letztere vorerst mit Skepsis betrachtet. Grund dafür ist das einmalige Mikroklima der Insel, das sich sogar von Nische zu Nische ändern kann und spezifische gärtnerische Kenntnisse und Fähigkeiten verlangt. Ob der beauftragte Gartengestalter Michael Paul Harvey, der bisher die drei ummauerten Terrassen nach einem Farbschema umpflanzen ließ, diese Anforderungen erfüllt, wird sich mit der Zeit zeigen. Noch müssen die Pflanzen anwachsen.

Die farbliche Steigerung von immergrünen und silberlaubigen Pflanzen mit lila-lavendelfarbigen Blumen auf der höchsten

OBEN: Aeonium balsamiferum *von den Kanaren, eine frostempfindliche Pflanze, die an diesem geschützten Standort gedeiht.*
GANZ OBEN: *Die begrünten Felsen von St Michael's Mount sind einmalig und verlangen nicht nur Fingerspitzengefühl von den Gärtnern, sondern auch alpine Kletterkünste.*

Terrasse zu Immergrün, durchwoben mit goldlaubigen Pflanzen und gelben und purpurfarbenen Blüten auf der mittleren Terrasse zu bronzelaubigen Spezies mit roten und rosa Blüten wird sicherlich auf der Draufsicht spannend sein. Der Ausgangspunkt für die gelbgoldene Farbgebung auf der mittleren Terrasse ist ein Strauch Schneckenklee (Medicago arborea), sonst nur im südlichen Mittelmeerraum anzutreffen. Er soll der Legende nach vom Ende des 18. Jahrhunderts aus dem Hochzeitsstrauß einer der Töchter des vierten Sir John Aubyn stammen.

Die südländische Stimmung zieht sich durch den ganzen Garten – ein Bestimmungsbuch von Mittelmeerpflanzen ist hier besser angebracht als das Gebräuchliche für diesen Breitengrad. Unzählige *Aeonium*-Gewächse (eine persönliche Leidenschaft eines der Gärtner) gedeihen hier im Freien und decken mit ihren engen Rosetten große Flächen ab. Zu den architektonischen Pflanzen, die wie selbstverständlich am Wegesrand wachsen, gehören *Aloe polyphylla* mit saftigen fetten Blättern, die als perfekte Spiralen von unten nach oben ziehen. Bekannte Spezies wie Rosmarin, Agaven, Fackellilien und Natternkopf (*Echium*) wachsen wie wild, dazu andere sonderbare Gestalten wie die Silberbäume (*Leucadendron*, ein *Protea*-ähnliches Gewächs) und *Sparrmannia* aus Südafrika (üblicherweise als Zimmerpflanze zu finden). Mit Pflanzen unter anderem von den Kanarischen Inseln, Mexiko und Neuseeland fühlt man sich wie auf einen anderen Kontinent versetzt.

Dabei fängt der Garten nicht so vielversprechend an: eine weite Rasenfläche, ein Pinienwald und das Meer, das auch an ruhigen Tagen gegen die Riffe schlägt. Hinter der Kurve im Wind- und Wellenschutz offenbart sich jedoch ein ganz anderes Bild und Gefühl. Die Luft wird wärmer, weicher, ist mit einem zarten Duft erfüllt, und gleich zu welcher Jahreszeit man dort ist, sind Farbkleckse über den Hang verstreut. Eine ganzjährige Blüte ist hier kein Problem dank der Kombination von Seemauer, die den Wind nach oben schiebt, einer lockeren Windschutzbepflanzung sowie der umliegenden Wasserfläche und schließlich der Ausrichtung. Obwohl treppenartige, kleine ummauerte Gärten Ende des 18. Jahrhunderts von den Töchtern des damaligen vierten Sir John Aubyn angelegt worden sind, wurde der Großteil des Gartens 1887 zeitgleich mit dem Bau des Ostflügels der Burg ausgeführt. Terrassen, wie unterschiedlich breite Regalbretter, wurden zwischen die Felsen gebaut, verbunden durch schmale ungewöhnliche Treppenläufe: Während auf der einen Seite die Stufen eine normale Steigung haben, ist die andere Seite überhöht. Somit hatten die Damen mit ihren langen und voluminösen Gewändern Platz und konnten, ohne den Rock hochheben zu müssen, die Stufen bewältigen.

Ende des 19. Jahrhunderts war eine aufregende Zeit für Botanik und Gärtner, eine Zeit, in der neue Spezies entdeckt wurden und in der eine gewisse Bereitschaft zum Experimentieren vorhanden war. Auf St Michel's Mount hatte Lord St Aubyn

OBEN: *Der Sukkulentengarten, gefüllt mit Raritäten wie die rotblühende* Echeveria *'Black Prince'.*

GANZ OBEN: *Nicht nur die Pflanzen wie die Nerinen rechts sind eine Besonderheit, sondern auch die Stufen, die zwischen den Terrassen verlaufen und im Gesamtbild kaum auffallen.*

die besten Voraussetzungen, diesem Trend nachzugehen. Auch wenn die Insel als Besitz des National Trust aufgeführt wird, verwaltet die Familie das Anwesen, die Erklärung, weshalb einem der Garten so persönlich und individuell vorkommt. Lord St Aubyn hat sich 2003 auf das Festland zurückgezogen und sein Sohn James mit Ehefrau Mary St Aubyn wohnen auf der Insel. Sie und die insgesamt 30 anderen Personen, darunter die Gärtner, bilden eine kleine Gemeinschaft, die zu der einmaligen Stimmung beitragen. Der Enthusiasmus und die Begeisterung ist spürbar, vor allem aber die einmaligen Fachkenntnisse der Gärtner, die hier auf der Insel nicht nur ihren Job ausüben, sondern ihren Beitrag dazu leisten, auf der historischen Substanz aufzubauen und die Grenzen des Möglichen auszureizen.

OBEN UND GEGENÜBER: *Die ummauerten Gärten mit der neuen Pflanzung des Gartendesigners Michael Paul Harvey spiegeln in ihrer Farbgebung die Wärme und Harmonie dieser kleinen Gartenräume wider.*

Die Gärten von North Corner

OBEN: *Ein inspirierender Blick aus dem Studio von Waters Edge über den Garten zum Ärmelkanal.*
GEGENÜBER: *Die vorhandenen Ziersträucher wurden in das neue Konzept eingearbeitet, wo Rasen gegen Kies ausgetauscht wurde, um zusammen mit dem Wasserlauf das maritime Ambiente zu unterstreichen*

Abseits vom Hauptverkehr, nur über enge Landstraßen erreichbar, die oft als Sackgasse enden, gibt es noch Winkel in Cornwall, die vom Massentourismus verschont sind. Hier ist das wahre Cornwall, von Landschaft, Meer und Natur bestimmt, mit Klippen und Buchten, Feldern, die sich bis zur Küste erstrecken, und Fischerdörfern, deren alte Häuser, oft weiß gestrichen, eng aneinander gepresst sind. Coverack, auf der Halbinsel Lizard, direkt an der Küste, fast am 50. Breitengrad gelegen, gehört zu den Orten, wo der Geist von Cornwall noch zu spüren ist. Da der Anteil an Ferienhäusern für cornische Verhältnisse nur bescheidene 40 Prozent ausmacht, ist auch ganzjährig Leben im Dorf. Es gibt Läden, eine Schule, Pubs und auch Fischerboote, die täglich aufs Meer hinausfahren und ihren Fang in den kleinen geschützten Hafen bringen. Was Coverack aber weiterhin auszeichnet, ist sein Mikroklima und die sichelförmige Bucht, geprägt von einem besonderen geologischen Aufbau.

Die Geologie ist faszinierend und für jeden ersichtlich, denn hier befindet sich einer von insgesamt drei Moho-Stränden der Britischen Inseln, wo zwei Gesteine unterschiedlicher Herkunft aufeinandertreffen. Während auf der nördlichen (linken) Seite der Bucht zum North Corner hin bräunliches Gabbrogestein der Erdkruste vorkommt, befindet sich auf der südlichen (rechten) Seite Richtung Hafen und Sunny Corner dunkleres, grüngraues Serpentingestein aus dem Erdmantel, das sonst nur auf der australasischen Platte vorkommt. Dementsprechend ist auch die heimische Flora vielseitiger und abwechslungsreicher als in anderen Gegenden Cornwalls. Es ist daher nicht verwunderlich, dass dieses Dorf, mitten in einem Landschafts- und Naturschutzgebiet, von besonders schönen Gärten geprägt ist. Spaziert man durch Sunny Corner an den kleinen Vorgärten der Fischerhäuser vorbei, wo die frostempfindlichen Aeonien ganzjährig draußen gelassen werden und wo Natternkopf (*Echium*) in den Schrebergärten wild wächst, ist man erstaunt über den Artenreichtum von heimischen und Zierpflanzen, denen man hier begegnet.

Die Gärten von North Corner

Der perfekte Platz

Das Meer war der Anziehungspunkt für Lizzie Cartwright, als sie auf der Suche nach dem perfekten Platz den Südwestküstenweg abschritt. Die Auswahl war enorm, und schließlich überließ sie ihrem Instinkt, das Richtige auszusuchen. Jetzt, sieben Jahre später, verbringt die begeisterte und talentierte Hobbykünstlerin etwa drei Viertel des Jahres in ihrem Studio in Coverack. Die Architektur des Hauses selber war ihr nicht so wichtig, sondern die Nähe zum Meer und die Chance, einen Garten anlegen zu können. In Nord Derbyshire, wo sie und ihr Mann sonst zu Hause sind, haben sie zwar einen Garten, aber auch Hunde und damit begrenzte Möglichkeiten, etwas außer Rasen anzulegen.

Der etwa 460 Quadratmeter große Garten von Waters Edge fast am Ende von North Corner, der stark abfallend spitz zum Meer verläuft, war bereits terrassenartig angelegt und bepflanzt, als sie ihn übernahmen. Ohne gärtnerische Vorkenntnisse tastete sie sich langsam in dieses neue Metier hinein, beobachtete, was gedieh, was zum Boden passte, wie das Wetter und wie stark der Einfluss vom Meer war. Als Erstes entfernte sie die Bäume, die über das Grundstück verstreut waren und teilweise aus den 1960er Jahren stammten, als das Haus gebaut wurde. Sie versperrten nicht nur die Aussicht aus dem Studio, sondern verursachten auch zu viel Schatten. Das kleine Stück Rasen wurde durch grauen Kies ersetzt, der besser zu dem maritimen Ambiente passt und nahtlos in die unteren Wege übergeht. Auch die Pflanzbeete wurden Stück für Stück aufgefrischt, der streng gärtnerische Aufbau mit unzähligen immergrünen Gehölzen, die alle eine ähnlich gewölbte Form angenommen hatten, wurde gelockert und gemildert. Wie Lizzie Cartwright selber sagt, ist es ein Vergnügen, in diesem milden Klima zu arbeiten. Afrikanische Schmucklilien *(Agapanthus)* wachsen wie wild und müssen regelmäßig herausgerissen werden, sonst würden sie überhandnehmen. Zusammen mit den Montbretien verwandeln sie den Garten im Juli, wenn er im Rahmen der Tage der offenen Gartenpforte der National Gardens Scheme für Besucher geöffnet wird, in ein blau-orangenes Meer.

Man spürt auch hier die Hand der Künstlerin, die nicht nur malt, sondern auch gern zum Steinmeißel greift. Manche ihrer Skulpturen stehen im Garten, zwischen der Vegetation oder aus dem Kies herauswachsend, abstrakte Formen, die im Einklang mit der Umgebung stehen. Lizzie, die unter ihrem Mädchennamen Brown arbeitet, holt sich ihre Inspiration vom Garten, vom Meer und der Aussicht. Und wenn sie Inspiration sucht, nimmt sie ihren Kaffee, steigt die Stufen hinab zum Schaukelsitz am Ende des Gartens und blickt hinaus über die Bucht, um den Zauber von Coverack auf sich wirken zu lassen.

OBEN: *Zur Grenze hin türmen sich die Pflanzen in einem lockeren Arrangement, das auch als Kulisse für Lizzie Browns Plastiken dient.*
GEGENÜBER: *Anstelle von dichten Bäumen gedeiht jetzt ein Teppich aus Fuchsien, Sommerspieren, Geranien mit Segge und Agapanthus und vielen mehr.*

OBEN: *Die alte Obstwiese seitlich vom Cottage im Frühling. Der konstante Wind hat das Wachstum der Apfelbäume gebremst und die Äste, überzogen mit Flechten, schaffen eine stimmungsvolle weitere Dimension.*
GEGENÜBER: *Ein pralinenschachtelwürdiges Bild mit Rosen über der Tür und Spornblumen an der Gartenpforte.*
SEITE 164/165: *Vom oberen Sitzplatz breitet sich ein Panorama über die Bucht zum Hafen von Coverack und Sunny Corner aus.*

Ein Garten mit Aussicht

Es zahlt es sich aus, neugierig zu sein. Angezogen von der Hanfseilabsperrung und den nilgrünen filigranen Metallbänken, die weit oben auf dem Hang von der Straße aus sichtbar sind, fragt man sich, ob sich an dieser schwierigen Stelle wirklich ein Garten befinden könnte und ob die Besitzer zu Hause sind. Bis zu den Ellbogen im Matsch, waren sie tatsächlich dabei, den badewannengroßen Miniteich hinter dem denkmalgeschützten Cottage zu leeren, um nach einem Leck in der Betonschalung zu suchen. Im Garten wurde deutlich, dass diese kleine Terrasse hinter dem 300 Jahre alten Cottage, auf der wir alle standen, außer dem Vorgarten eine von den wenigen ebenen Stellen war. Je höher man hinaufstieg, desto deutlicher entfaltete sich das postkartenwürdige Panorama über die Bucht. Damit erklärten sich auch die Sitzbänke, denn nach Süden gerichtet und mit Blick auf Coverack war hier die wärmste und sonnigste Stelle des Gartens. Ein Wald von Natternkopf-Pflanzen sprießt zwischen den Stützmauern und sorgt für eine exotische Stimmung, die an das Mittelmeer erinnert.

Früher endete der Garten an dieser Stelle, das Gestrüpp von Brombeeren und Holunder war einfach zu dicht. Nur ein Trampelpfad führte nach rechts zur Grundstücksgrenze und weiter zwischen eine Baumallee über die angrenzenden Felder. Dieser

Die Gärten von North Corner

alte Weg diente jahrzehntelang als Verbindung zum naheliegenden Bauernhof, dessen Weiden oben an dem Grundstück anschließen. Dame Janet Gaymer und ihr Mann John wollten unbedingt eine Terrasse in der Sonne haben, wo sie draußen essen konnten. Im oberen Hangbereich befand sich eine etwas größere Stelle, wo früher der Kompost angehäuft wurde, und man entschied sich, hier mit den Rodungsarbeiten zu beginnen. Verborgen unter dem Bewuchs lagen glatte, riesige Steine aus Gabbro, mal liegend wie riesige Platten, mal in der Schräglage – eine Felslandschaft, unterbrochen von kleinen Taschen Erde, nur wenige Zentimeter tief. Was man am Strand im Kleinen sehen konnte, war im Großformat hier am Hang vorhanden. Es blieb aber ausreichend Platz, um das gewünschte Holzdeck zu bauen, das wie ein Ausguck wirkt. Nur die Bepflanzung ist schwierig, denn es gibt kaum Vorbilder. Pampasgras gedeiht, ist aber nicht immer passend, ebenso wie *Agapanthus*, die, so schön sie in der Menge sind, doch eintönig wirken können. So experimentiert man und hofft, dass sich Sukkulenten in den oberen Bereichen ausdehnen werden. Es ist ein allmähliches Vorgehen, da sich mit jedem Quadratmeter Garten, der gewonnen wird, neue Herausforderungen ergeben. Tregisky Cottage soll ein Zufluchtsort für die Anwältin, eine führende Expertin im Arbeitsrecht, bleiben. Daher ist es wichtig, dass der Garten nicht in Arbeit ausartet und vor allem, dass das Ambiente und das Naturhafte, das sie 2006 zu diesem Cottage hingezogen hat, erhalten bleibt. So werden sich Benutzer der Küstenstraße, wo früher die Netze zum Trocknen ausgelegt wurden, stets fragen, ob der Hang hinter dem malerischen Cottage wirklich ein Garten sei.

OBEN: *Natternkopf* (Echium pininana)
GEGENÜBER: *Flankiert von den imposanten Natternköpfen, die sich selbst ausgesät haben, und mit Büscheln von zart blühenden* Erigeron karvinskianus *davor, wirkt der obere Sitzplatz wie ein Ausguck – ein idealer Ort, um das Kommen und Gehen im Hafen zu beobachten.*

Eine Strandschönheit

OBEN: *Selbstgebasteltes und Gesammeltes verleihen diesem kleinen Garten direkt am Strand ein individuelles Flair.*
GEGENÜBER UND SEITE 1: *Phormium, Allium-Kugeln, silbrige Halme von Edeldisteln (Festuca glauca) – alles in Grün, Lila, Bronze und Blausilber gehalten –, unterstreichen den maritimen Charakter der Bepflanzung.*

Dass der Garten sich von selbst auf den Strand ausgedehnt hat, gefiel dem Gemeinderat von Porthallow garnicht. Dabei war es keine Absicht der Eigentümer. Die Pflanzen sind einfach über die Grenze hinübergesprungen, haben sich am Fuß der Stützmauer in den Ritzen etabliert und sich vorsichtig über die wenig begangenen Randbereiche des Schotterstrands ausgebreitet: ein Rudel von pinkblühenden Strandnelken *(Armeria maritima)*, gelbem Wundklee *(Anthyllis vulneraria)*, Wilder Karde und dazwischen der seltene gelbe Hornmohn *(Glaucium flavum)*, alles heimische Spezies, die, wenn der Mensch nicht da wäre, sowieso an dieser Stelle wachsen würden. Man kann in der Tat schwer erkennen, wo der Garten von Headland Cottage beginnt und wo er endet. Ebenso schwierig ist es, ihn zuzuordnen, denn er liegt für sich allein, begrenzt von Strand, Küstenweg und Klippen: Terrassen und Böschungen sind zum Meer ausgerichtet und ständig der Witterung ausgesetzt, vor allem den beißenden Ostwinden, die im Winter über die Bucht fegen. Es ist fast so, als ob sich dieser Privatgarten, der wie auf einem Servierteller von oben, unten und von der Seite offen zur Inspektion liegt, sich tarnen möchte, um so aus dem Rampenlicht zu rutschen.

Obwohl die Besitzer bereits 2003 das Anwesen erworben hatten, wurde der Garten, der ursprünglich aus den 1890er Jahren stammt, erst seit 2006 in Angriff genommen. Die Verzögerung war wichtig, denn bei so einer exponierten Lage war es notwendig, die Grundbedingungen kennenzulernen, sie richtig einzuschätzen, die Umgebung zu beobachten und die Durchführbarkeit der Wünsche abzuklären. Die Hangsicherung wie auch die Grundstruktur des Gartens, die sich vom Strand über zwei Terrassen unterschiedlicher Breite verteilt, wurden nach Plänen des Eigentümers von einem örtlichen Handwerker, Roger Tripconey, ausgeführt. Mithilfe seines Vaters, der trotz seines Alters immer noch eifrig Steine herbeischlepppte, wuchs das Bruchsteinmauerwerk und passte sich den vorhandenen Stützmauern entlang des öffentlichen Wegs an. Auf der oberen Ebene wurde eine Terrasse aus örtlichem Schiefer verlegt, eine Sitzbank

in die Mauer eingebaut und ein runder Tisch, der von der Form her stark an einen Brunnen erinnert, gefertigt. Als zusätzlichen Zutritt zum Garten wurden unten am Strand in einer Ableitung von den Stiegen, die immer wieder in Cornwall anzutreffen sind, Granitstufen seitlich in die Stützmauer eingebracht. Freischwebend über neun Stufen und lediglich an den oberen und unteren Stufen fest verankert, scheinen die Steine aus der Mauer herauszuwachsen, unauffällig, rhythmisch und absolut passend zur Gegend.

Was den Garten weiterhin absetzt, ist die Bepflanzung. Es ist, wie die Eigentümerin zugibt, ein ständiger Lernprozess. Sie pflanzt das, was ihrer Meinung nach überleben wird, so haben sich Fetthenne *(Sedum)* und Wolfsmilch *(Euphorbia)* bewährt, Neuseeländischer Flachs *(Phormium)*, der vom Ostwind zerfetzt wird, aber nicht. Spornblumen *(Centranthus ruber)* würden sich überall verbreiten, wenn sie nicht eingreifen würde, und auf den gelben Hornmohn ist sie besonders stolz. Immer seltener auf der Halbinsel Lizard anzutreffen, hat sie über 100 Samen ausgesät, von denen nur ein Einziger angewachsen ist und nunmehr mit seinen »kilometerlangen« tiefen Wurzeln, die nach Frischwasser suchen, im Garten Fuß gefasst hat. »Wildes Zeug« findet die Besitzerin faszinierend, sie schätzt den Artenreichtum der Flora dieser Gegend, schafft Lebensräume dafür und bindet

OBEN: *Grasnelken auf der Mauerkrone*
GANZ OBEN: *Der Garten bindet die Umgebung mit ein; dadurch erscheint er wesentlich größer und natürlich zu sein.*
GEGENÜBER: *Auch wenn der Garten einsehbar ist, ist Platz für kleine geschützte Sitznischen.*

Gärten an der Küste

OBEN: *Exoten und Einheimisches fügen sich zu einem harmonischen Gebilde, hier die afrikanischen Gänseblümchen* (Arctotis).
OBEN RECHTS: *Spornblumen am Strand.*
UNTEN UND GEGENÜBER: *Schwebende Stufen an Stützmauern und Strandgut am Tor. Was zum Garten gehört und was nicht, ist unklar, denn nur der Küstenweg trennt den Garten vom Haus.*

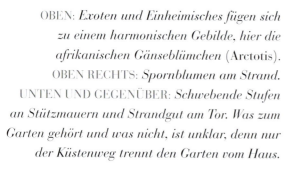

diese Vielfalt im Garten mit ein. So vereint sich das Gepflanzte und Natürliche in einer spannenden, zufällig erscheinenden Komposition. Verblüffend ist, wie die Farbgebung des Gartens sich innerhalb eines Spektrums bewegt, das so charakteristisch für diesen Abschnitt der Küste ist: von frischem Grün bis beinahe Neonlichtgrün zu grau-silbrigem Laub, Pink, Gelb, Rot, das sich leuchtend gegen den blauen Himmel abhebt.

Strandgut, verbleichtes Holz, Seile, sogar vom Meer zerschmetterte Bojen finden einen Platz im Garten. Ihre Säge ist immer griffbereit, wenn die Besitzerin mit ihrem Hund am Strand spazieren geht, um Treibholz vor Ort zu bearbeiten: ein Anblick, an den sich die Bewohner des Fischerorts inzwischen gewöhnt haben. Das Selbstgefertigte bringt Individualität in den Garten, von den mit Brettern und Seilen gebauten Gartenpforten bis hin zum Treibholz, das wie sich sonnende Schlangen auf den Maueroberkanten liegt.

In einem Garten wie diesem wird man stets aufs Neue überrascht und muss entsprechend reagieren. Nachdem der obere Rasen von einem Dachs aus unerklärlichen Gründen aufgewühlt wurde, entschied man, den verwüsteten Bereich mit Kiesschotter, wie er am Strand vorkommt, zu ersetzen. Veränderungen bringen neue Möglichkeiten in diesem einzigartigen Küstengarten, wo Mensch und Natur gleichermaßen am Werken sind.

Gärten an der Küste

OBEN UND RECHTS: *Die Gestaltungssprache ist zugleich subtil und gewagt und bindet den Standort völlig mit ein. Grenzen sind verwischt, und was gedeiht, ist der Natur überlassen. Treibholz findet ein neues Leben im Garten, und es ist diese Fähigkeit, Elemente, die typisch für die Umgebung sind, im Garten mit einzubinden, die diesen malerischen Küstengarten auszeichnet.*

Eine Strandschönheit

Vom Winde verweht

OBEN: *Der Blick zum Wohnhaus und das dahinterliegende Meer zeigt, wie exponiert dieser Garten ist.*
GEGENÜBER: *Die ersten Bereiche des Gartens, die David Eyles in Angriff nahm, lagen oberhalb des Wohnhauses. Hier experimentiert er mit der traditionellen Palette von Pflanzen für Küstengegenden, um zu sehen, was gedeiht.*

Dass Bäume, geschweige denn Gartenpflanzen, auf dieser vom Wind plattgedrückten Küstenstrecke in Blickweite von Newquay gedeihen, scheint unmöglich zu sein. Karg, kahl und der vollen Kraft des Atlantiks ausgesetzt, haben die Bauern es schwer, ihren Lebensunterhalt an dieser Landspitze zu verdienen. Die meisten Häuser der Gegend an der Nordküste von Cornwall leben allein von der Aussicht, denn der Garten, wenn es überhaupt einen gibt, besteht nur aus Rasen und einzelnen Keulenlilien (*Cordyline australis*), fremdartige Gestalten, die etwas Wüstenhaftes an sich haben. Wer würde es denn hier wagen, unter diesen Bedingungen und noch dazu auf dünnen alkalischen Böden einen Garten anzulegen? Der Garten von Arundell in West Pentire ist ein Sonderling, ein Beweis für das scheinbar Unmögliche, einen Garten anzulegen, wo eigentlich keiner sein sollte.

David Eyles ist in dieser Gegend aufgewachsen und übernahm das Crantock Bay Hotel von seinem Vater in den 1970er Jahren. Für einen Garten blieb weder Zeit noch Interesse. Dass er und seine Frau Brenda 40 Jahre später einen beispielhaften Garten vorzeigen können, ist bewundernswert. Früher war Arundell, ein denkmalgeschütztes Bauernhaus gegenüber dem Hotel, ein Rückzugsort für die Familie. Typisch für Bauten dieses Alters, war das niedrige, denkmalgeschüze Bauernhaus eingebettet im Hang und so geschützt vor dem konstanten Wind. Einen Garten als solchen gab es nicht, nur einen kleinen Vorgarten, eine Rasenfläche, eine Natursteinmauer und ein Feld, das sich als schmaler Streifen über 4 000 Quadratmeter den Hang hinaufstreckte. Jahrelang war dies völlig ausreichend: man konnte schließlich Ball spielen, für ein Pferd war Platz genug und der Aufwand war gering. Erst als die Kinder samt Pferd aus dem Haus zogen und der Sohn sich zunehmend um das Hotel kümmerte, wurde die Frage des Gartens aktuell.

Der Vorgarten war, verglichen mit dem restlichen Grundstück, unproblematisch, denn das Haus und der Standort diktierten den Stil. So wurde ein Cottage-Garten angelegt, der seinen Höhepunkt den Sommer über erreicht und von den Eyles

Vom Winde verweht

wie auch sämtlichen Passanten genossen wird. Ganz anders war es im restlichen Garten. Während vorne für Windschutz gesorgt wurde, war hinten alles offen und immer noch von den Resten des alten Bauernhofs gezeichnet. Von Natur aus ordentlich, wollte David Eyles vorerst nur alles aufräumen und ansehnlich machen, den Wunsch nach Wasser erfüllen und Plätze bauen, um den Aufenthalt im Garten zu ermöglichen. Wie man zu sagen pflegt, ist der Rest Geschichte. Wenn man heute durch den abwechslungsreichen und überraschenden Garten spaziert, kann man kaum glauben, was hier geleistet wurde. Dass ein effektiver Windschutz nötig sein würde, war David Eyles klar. Heute bedauert er die Entscheidung, sich nur Stück für Stück den Hang hinaufgearbeitet zu haben. Hätte er das gesamte Grundstück in der Anfangsphase eingeriegelt, hätte er nicht so viele Pflanzen verloren. Denn es war nicht nur eine Frage der Winde, die von allen Richtungen über die Hügelkuppel und vom Meer her stürmten, sondern auch des Salzes, das die Feuchtigkeit entzog und die Pflanzen verbrannte.

Es gab viel zu lernen, und er machte die Erfahrung, dass Pflanzen aus Neuseeland am besten für seinen Garten geeignet waren. So umschließt eine dicke, etwa 3 Meter hohe Hecke von grün-grau-blättrigen *Olearia traversii* das Grundstück mit gestaffelten Heckenscheiben von *Eleagnus abbingei* und *Euonymus japonicus*, verteilt an strategischen Stellen innerhalb des Gartens. Weiterhin wurde alles wesentlich enger gepflanzt als üblich. Während die Pflanzen in dem begünstigten Klima der Talgärten sofort loslegen, dauert es hier zwei Jahre, bis die Wurzeln Fuß gefasst haben, um dann erst mit dem äußerlichen Wachsen beginnen zu können. Dieses grüne Gerüst, punktiert durch Solitär-Keulenlilien, die als einziger Baum dem Wind standhalten, aber trotzdem nie höher als 4 Meter werden, bildete das Rückgrat des Gartens.

Vergleichbar mit einer übertiefen Bühne mit Seitenflügel, zieht sich der Garten den Hang hinauf. Und während manche Bereiche offen sind, sind andere hinter den Hecken versteckt. Ein Spaziergang durch den Garten wird zu einer Reise, bei der

OBEN: *Convolvulus sabatius.*
GANZ OBEN: *Mauerblumen* (Erigeron 'Dimity') *und* Hebe glaucophylla 'Variegata', *zusammen mit Rosmarin.*
GEGENÜBER OBEN: *Mit perfekt gestochenen Rändern und teppichartiger Oberfläche ist der Rasen ein ausgezeichneter Partner für die bunten Beete.*
GEGENÜBER UNTEN: *Ein Vielerlei von Bodendeckern und Wärme liebenden Polsterpflanzen und Steingewächsen fügt sich zu einer einzigartigen Komposition zusammen.*

Gärten an der Küste

OBEN: *Im zweiten Abschnitt des Gartens spürt man das zunehmende Selbstbewusstsein im Umgang mit Pflanzen. Hier, um die Steinbank, ist die Pflanzung lockerer und fast wiesenartig.*
OBEN RECHTS: *Versteckt hinter dem kleinen Sumpfgarten und Teich liegt einer der Lieblingsaufenthaltsplätze im Garten.*
GEGENÜBER: *Holzstufen mit Kiesauftrittsflächen führen parallel neben dem kleinen Bach vom unteren Garten zu den neueren Gartenbereichen hinauf.*

man immer wieder etwas Neues entdeckt. Was besticht, ist, wie man hier die wachsende Begeisterung für Pflanzen und Gartenthemen verfolgen kann. Während der erste untere Bereich, direkt angrenzend an das Haus, typisch englische, gärtnerische Elemente beinhaltet, ist der obere Bereich ungewöhnlich und Zeugnis von der Selbstsicherheit im Umgang mit Pflanzen, die geeignet sind für diese besondere Lage: eine spannende Entwicklung, von der auch Gartenprofis lernen können. So erfüllt der Garten die Erwartungen eines typisch englischen, traditionellen Gartens mit englischem Rasen, einem kleinen Steingarten am Wintergarten, einer Rosenpartie an der Mauer und einem kleinen Bach, gesäumt mit Schwertlilien und Etagenprimeln, alles gut gepflegt mit ausgewogenen Pflanzpartien. Wenn man durch die Öffnung in der Natursteinmauer in den nächsten Bereich gelangt, erlebt man eine Veränderung. Der Garten erscheint offener und länger zu sein. Zur Linken liegt ein Teich, umgeben von Uferpflanzen und gespeist von einem kleinen Bach, zur

OBEN: *Der exotische Garten, geschützt durch eine zusätzliche Bambushecke, ist eine erstaunliche Leistung und widerspricht den natürlichen Gegebenheiten des Grundstücks. Dass Baumfarne, Yuccas und sogar Oliven hier gedeihen, ist ein Wunder.*

Rechten ist eine dichte Hecke aus immergrünem *Euonymus japonicus*, die sich um den kleinen Gemüsegarten wickelt. Bisher war alles gut, interessant, aber nicht spektakulär. Dort wo Davids Ehefrau Brenda früher ihren Schnittblumengarten für das Hotel hatte, ist jetzt, inspiriert durch die Werke von Beth Chatto, ein Trockengarten angelegt. Beim Anblick dieser geglückten und absolut passenden Partie spürt man die Verbindung mit der örtlichen Landschaft und Küste. Denn während der restliche Garten in sich geschlossen ist, blickt man von hier auf Crantock Beach und die Dünenlandschaft. So ergibt sich eine Verwandtschaft zwischen innen und außen, die im Winter und Frühling, wenn der Garten auf die Ziergräser, die grün-grau-laubigen Pflanzen und den hellen Schotterboden reduziert ist, besonders prägnant ist. Im Sommer dagegen ist dieser Bereich eine Explosion von Farben mit Scharfgarbe, Sonnenhut, Nachtviolen und vielem mehr.

Auf den ersten Blick scheint der Garten hier zu Ende zu sein. Wie so oft kommt das Beste zum Schluss, denn versteckt hinter einer Hecke als Raum für sich, befindet sich der exotische Garten. Windstill, warm und trocken, ist dieser Bereich eine Meisterleistung. Dank eines genialen Windfilters, bestehend aus einem Bambusdickicht, verstärkt durch über 2 Meter hohe Bambusstäbe, befestigt auf einem Holzrahmen, ist die Temperatur um einige Grad höher. Neben bekannten Pflanzen wie Wolfs-

milch *(Euphorbia characias* ssp. *wulfenii)*, die sich nach Belieben verbreitet haben, sind auch Exoten hier im Garten. Agaven wie *A. celsii*, Yuccas, Palmen, prähistorisch ausschauende Restios, die eine gewisse Ähnlichkeit zu Schachtelhalmen haben, Keulenlilien, sogar ein Olivenbaum, gedeihen hier in einem Garten, der durch starke Formen und Grüntöne ausgezeichnet ist. Aussagekräftig und ungewöhnlich wird man in eine andere Welt versetzt, aus der der konstante Wind kurzzeitig verbannt ist.

OBEN: *Der Kiesgarten, angelegt nach den Prinzipien von Beth Chatto, befürwortet von der bekannten englischen Gärtnerin, lebt vom Wind, der durch die Grashalme weht. Trockenheitsverträgliche Stauden und Gräser wie* Stipa gigantea, Santolina chamaecyparissus, *leuchtendrote Mohnblumen* (Papaver orientale) *wie auch markanter Salbei* (Salvia farinacea 'Victoria') *bilden eine einmalige standortgerechte Kulisse.*

Wo Kunst, Garten und Cornwall sich vereinen

OBEN: »Four-Square (Walk through)« aus dem Jahr 1966, auf der Rasenfläche aufgestellt, lebt von der Wechselwirkung zwischen Innen- und Außenraum wie auch von der Kraft des gerahmten Blicks.
GEGENÜBER: Form, Farbe und Struktur vereinen sich hier und bilden einen passenden Rahmen für die Plastik »Torso II (Torcello)«, entworfen 1958.

Wenn man es nicht wüsste, würde man, wie viele der Touristen, die den malerischen Fischerort St Ives besuchen und auf der Suche nach dem Strand stöhnend die steile Straße hinaufsteigen, das kleine, weißverputzte Eckhaus von Trewyn Studio übersehen. Bescheiden und dezent beschildert, ist es kaum vorstellbar, dass dies der Schaffensort einer der bedeutendsten Künstlerinnen der Moderne, Dame Barbara Hepworth (1903 bis 1975) war. Von außen gibt es kein Anzeichen von einem Atelier, geschweige denn von einem Garten. Man sieht nur hohe Granitmauern. Befindet man sich aber einmal im Haus, das nur aus einem unteren Raum und einem lichtdurchfluteten oberen Zimmer besteht, werden die Zweifel, ob man überhaupt am richtigen Ort ist, ausgeräumt. Während das erste Zimmer eine Einleitung zu ihrer Person und ihren Arbeitsmethoden ist, liegt der Schwerpunkt im zweiten Zimmer in der Arbeit selber. Mit kleinen Objekten und Modellen ist dies eine gute Einleitung zur Gestaltungssprache der Kunstwerke. Sie sind eine Vorbereitung auf den Garten, der nach der Enge im Inneren des Hauses und dem Netzwerk von Straßen und Gassen vor der Tür einem geräumig, hell und wie eine Oase vorkommt.

Bei einer Versteigerung 1949 erwarb Hepworth Trewyn Studio und nützte es vorerst als Arbeitsort. Als aber ihre Ehe mit dem Künstler Ben Nicholson auseinanderging, zog sie hierher, wo sie bis zu ihrem tragischen Tod 1975 bei einem Brand in ihrem Atelier wohnte und arbeitete. Die ersten Jahre waren der Arbeit gewidmet. Der Garten mit Rasen, Rosen und einem kleinen Teich war damals etwas schmäler als heute und diente anfangs als Arbeits- und Lagerplatz für die großen Aufträge. Weihnachten 1956, als es Hepworth gelungen war, die Grenze zum Nachbarn zu begradigen, kam der Garten dran. Mithilfe ihrer Freundin, der südafrikanischen Komponistin Priaulx Rainer, zwei weiteren Freunden und dem Buch *Shrubs for the mild climate* (Gehölze für das milde Klima), geschrieben von Will Arnold-Forster, der in Zennor, unweit von St Ives, einen Garten hatte, wurde die Anlage in Angriff genommen. Erst nach der

OBEN: *An vielen Stellen verstärkt die Bepflanzung die Objekte. Bei »Spring«, 1966, steht die Masse des Korpus im Kontrast zu den filigranen Drähten, die in der Öffnung verspannt sind.*
GANZ OBEN: *»Sphere with Inner Form«, 1963, im Vordergrund, mit »Four-Square (Walk through)«, 1966, und »Two Forms (Divided Circle)«, 1969, im Hintergrund scheinen aus der Vegetation zu wachsen. Rosen waren eine Lieblingspflanze der Bildhauerin und kommen im Garten öfters vor.*

Erstellung einer Struktur von einer mittigen offenen Rasenfläche, wo heute die über 4 Meter hohe Bronzeplastik »Four-Square (Walk Through)« steht, einem kleinen sonnigen Sitzplatz zur Linken und Wegen, die sich am Rande zwischen den Pflanzflächen hinziehen, wurde mit der Bepflanzung begonnen. In Anbetracht des milden Klimas und der nachteiligen Wirkung der Salzwinde, die von der Küste eindringen, suchte Hepworth Pflanzen aus, die zwar exotisch, aber auch standfest waren. Spezies mit immergrünem, auffallendem Laub wie *Fatsia japonica*, *Mahonia japonica* und *Magnolia grandiflora* oder architektonische, starke Formen wie *Cordyline australius, Yucca* und sogar einen Drachenbaum *(Dracaena)*.

Weitere Pflanzen kamen nach und nach dazu, eine eklektische Mischung für einen eklektischen Garten. Erst 1965 erreichte er seine heutige Größe, als ein weiterer Streifen sowie das Glashaus vom Nachbarn John Milne erworben wurden. Mit etwa 2000 Quadratmetern hatte der nach Südosten ausgerichtete Garten mehr Platz für Pflanzen und Plastiken, und dadurch war es auch möglich, eine schattige Partie anzulegen. Von allen Bereichen der Anlage ist dieser am intimsten. Die senkrechten, abstrakten Figuren, oft mit Löchern versehen, durch die sich neue Perspektiven öffnen, stehen in Harmonie mit ihrer Umgebung und scheinen gar zu meditieren. Die Bepflanzung ist üppig, urwüchsig, mit Ingwerlilien, großblättrigem *Geranium*

maderense, leuchtender Wolfsmilch, die sich gegen einen Hintergrund von immergrünen Gehölzen in die Höhe strecken. Nur die Betonwege, vor Ort gegossen und wie Bretter untergliedert, erinnern einen daran, dass man in einem Garten und nicht an einem magischen Ort im Urwald ist.

Es ist die Harmonie, aber auch die Wechselwirkung mit der Vegetation, die den Garten auszeichnet. Die Arbeiten gewinnen an Stärke und leiten zu ihren Ursprüngen zurück. Auch wenn Hepworths Arbeit abstrakt und reduziert ist, ist die Verbundenheit mit der Landschaft von Cornwall nicht zu verleugnen. Wer die gerundeten Granitsteine der Landschaft oberhalb von Zennor kennt, bemerkt die Verwandtschaft. Denn diese runden, glatten, zeitlosen, aber von der Natur geformten elliptischen Formen, oft mit Löchern versehen, die eine eigenwillige Stärke ausstrahlen, wurden von der Künstlerin aufs Neue interpretiert. Und auch die aufrechten Gestalten, die man beispielsweise aus der Ferne am Strand sieht, sind in den gestreckten und schlanken Bronzeguss- und Natursteinplastiken wiederzuerkennen.

Es war Barbara Hepworths ausdrücklicher Wunsch, dass Trewyn Studio und Garten für das Publikum geöffnet werden sollten, und es ist ein Verdienst ihrer Testamentsvollstrecker und der Tate St Ives, dass hier immer noch das Ambiente eines Privatgartens herrscht. Die Plastiken soll man daher nicht nur aus der Ferne betrachten, sondern, wie »Four-Square (Walk

OBEN: *Die Vegetation bildet grüne Gänge, sodass man wie in einer Kunstgalerie von einem Objekt zum nächsten geleitet wird:* »Six Forms (2 × 3)«, 1968, *mit* »Poised Form«, *eine Skulptur aus den Jahren 1951–52, überarbeitet und vereinfacht 1957.*

OBEN: »Conversation with Magic Stones«, 1973, aufgestellt in dieser kleinen Lichtung im Garten von Barbara Hepworth.
GEGENÜBER OBEN: Grün überwiegt in den schattigen Partien des Gartens, eine spannende Abfolge von Blattformen exotischer Pflanzen wie Fatshedera bis zu gewöhnlichem Efeu, von dem sich »Forms in Movement (Pavan)«, 1956–69, gegossen 1967, absetzt.
GEGENÜBER UNTEN: »Cantate Domino«, 1958, streckt sich nach oben wie eine übergroße Blüte, wurde aber inspiriert durch Psalm 98 und ist typisch für Arbeiten von Barbara Hepworth, in denen natürliche Formen und Spiritualität vereint werden.
SEITE 190/191: Der Garten von Trewyn Studio mit Blick zum Meer, bestückt mit Arbeiten von Barbara Hepworth von links nach rechts: »River Form«, gegossen 1973, »Two Forms (Divided Circle)« als Rahmen für »Coré«, 1960, im Hintergrund und »Four-Square (Walk through)«, 1966.
Alle abgebildeten Kunstwerke © Bowness, Hepworth Estate

Through)«, auch aus der Nähe als Rahmen für das hinterlegte Szenario wahrnehmen. Die Dynamik zwischen den Objekten ist von Bedeutung, spürbar bei »Conversation with Magic Stones«, ein sechsteiliger Bronzeguss von 1973, der eigens von Hepworth vor Ort platziert wurde. Denn hier geht es, wie bei den anderen Objekten, nicht nur um das, was man sieht, sondern auch um den Raum dazwischen und die Wechselwirkung mit der unmittelbaren Umgebung.

Kunstliebhaber suchen diesen Ort seit Längerem auf, und auch Gartenfans sei geraten, in das besondere Ambiente von Trewyn Studio einzutauchen. Hier hat die Grünfläche keine Begleitfunktion, sondern steht im Dialog mit den Objekten: Das Exotische zum Sachlichen, das Weiche zum Harten, Kanten zu Rundungen, alles, um Dynamik zu schaffen. Auch wenn der Garten heute als Skulptur-Garten bezeichnet wird, ist er viel mehr. Mit der erlesenen Bepflanzung, den Blickbeziehungen und dem räumlichen Gefüge, fängt er auch die Stimmung von Cornwall ein, wo das Natürliche und das Geplante dank der Hand der Künstlerin auf eigenständige Art zusammenkommen.

Literatur:
Gale, Matthew / Stephens, Chris, *Barbara Hepworth,* London 1999, 2001
Phillips, Miranda / Stephens, Chris, *Barbara Hepworth Sculpture Garden,* London, 2002

Anhang

Adressen

Gärten mit regelmäßigen Öffnungszeiten

Barbara Hepworth Museum & Sculpture Garden
Barnoon Hill, St Ives TR26 1AD
www.tate.org.uk

Bonython Estate Gardens
Curry Cross Lanes, Helston TR12 7BA
www.bonythonmanor.co.uk

Chygurno
Lamorna, Penzance TR19 6XH
www.gardensofcornwall.com/–>chygurno

Enys Gardens
St Gluvias, Penryn TR10 9LB
www.enystrust.org.uk

Godolphin
Godolphin Cross, Helston TR13 9RE
www.nationaltrust.org.uk

Hidden Valley Gardens and Nursery
Treesmill, PL24 2TU
www.hiddenvalleygardens.co.uk

Lamorran House
Upper Castle Road, St Mawes TR2 5BZ
www.lamorrangardens.co.uk

Moyclare
Lodge Hill, Liskeard PL14 4EH
www.moyclare.co.uk

Penjerrick Garden
Budock, Falmouth TR11 5ED
www.penjerrickgarden.co.uk

Pinsla Garden & Nursery
Cardinham, Bodmin PL30 4AY
www.pinslagarden.net

Poppy Cottage Garden
Ruan High Lanes, TR2 5JR
www.poppycottagegarden.co.uk

Roseland House
18 Chacewater Hill, Chacewater
TR4 8QB
www.roselandhouse.co.uk

St Michael's Mount
Marazion TR17 0EF
www.stmichaelsmount.co.uk

Tregrehan Garden
Par PL24 2SJ
www.tregrehan.org

Tresillian House
Bei Newquay TR8 4PS
www.tresillian-house.co.uk

Trewidden Garden
Buryas Bridge, Penzance TR20 8TT
www.trewiddengarden.co.uk

Gärten geöffnet im Rahmen der National Gardens Scheme
www.ngs.org.uk

Arundell
West Pentire, Crantock TR8 5SE

Boconnoc
Lostwithel PL22 0RG
www.boconnocenterprises.co.uk

Ince Castle
Saltash PL12 4RA
www.incecastle.co.uk

Trevoole Farm
Paze-en-Beeble TR14 0RN
www.trevoolefarm.co.uk

Trewoofe Orchard
Lamorna TR19 6BW

Waters Edge
North Corner
Coverack TR12 6TG
www.lizziebrownart.co.uk

Gärten geöffnet zu besonderen Anlässen:

Pentillie Castle & Estate
Paynters Cross
St Mellion, Saltash PL12 6QD
www.pentillie.co.uk

Tregothnan
Truro TR2 4AJ
www.tregothnan.co.uk

Dank

Ohne die freundliche Unterstützung der Gartenbesitzer wäre es nicht möglich gewesen, dieses Buch zusammenzustellen. Unser besonderer Dank gilt Barbara Hepworth Estate für die Erlaubnis, Trewyn Studio zu fotografieren und zu beschreiben und auch Enys Trust unter dem Vorsitz von Mrs Wendy Fowler. Marion Stanley von der NGS Cornwall hat uns in unserem Vorhaben tatkräftig unterstützt; ihr ist es zu verdanken, dass eine neue Generation von Gärten der Öffentlichkeit vorgestellt werden kann. Wir möchten auch allen Head Gardeners danken, die sich Zeit genommen haben, uns in ihre Gärten einzuweisen: John Harris, Danni Dixon, Kathy Doyle und das Team von St Michael's Mount wie auch Jonathon Jones, Gartendirektor von Tregothnan.

Heidi Howcroft und Marianne Majerus

Impressum

Das für dieses Buch verwendete Papier *Profisilk*, hergestellt von Sappi, liefert IGEPA.

1. Auflage
Copyright © 2012 Deutsche Verlags-Anstalt, München, in der Verlagsgruppe Random House GmbH
Alle Rechte vorbehalten
Fotos: © Marianne Majerus, London
Satz und Layout: Monika Pitterle
Gesetzt aus der Adobe Garamond Pro und der Bauer Bodoni Std 1
Lithographie, Druck und Bindung: Longo AG, Bozen
Printed in Italy

ISBN 978-3-421-03844-9

www.dva.de